にほんご さんぽ 日本語 散步

일본어 산보

박재훈 저

記號

언어

자음

母音

文法

일본어를 배운다는 것은, 일본인과의 의사소통을 위한 매개체를 습득하는 것이다. 이 책에서는 개별언어인 일본어에 앞서, 상위개념인 기호와 언어에 관해 서술하였으며, 학문적인 기술이나 용어는 가급적 배제하고, 평이한 일상용어를 사용하여, 독자로 하여금 부담없이 읽어나갈 수 있도록 하였다.

J&C
Japanese Technical Publishing Company

머리말

　인간이 지각하는 모든 대상은 의미를 가진다. 정확히 말하면, 인간은 지각되는 모든 대상들에 의미를 부여한다. 인간이 지닌 문화는 바로 대상과 의미를 연결하는 거대한 체계라고 할 수 있다.
　언어는 대상과 의미를 연결하는 매개적인 역할을 한다. 수천 수만의 어휘들은 각각이 대상을 구분하고 통합하여 이를 대표한다. 언어를 사용하는 인간은, 이러한 언어라는 매개체를 통하여 세상을 파악하고 이를 언어로 다시 구성한다. 구체적인 세상과의 매개역할을 하는 언어는 인간과 외부의 세상을 가로막고 있어, 좀처럼 있는 그대로의 세상을 우리들에게 보여주지는 않는다.
　구체적인 물건과는 달리 손에 잡히지 않는 개념이나 의사를 전달하고자 할 때, 우리는 어쩔 수 없이 언어라는 매개체의 힘을 빌리지 않을 수 없다.
　일본어는 일본인들이 상호간의 의사소통을 위하여 사용하고 있는 매개체로, 일본어를 배운다는 것은, 일본인과의 의사소통을 위한 매개체를 습득하는 것이다.
　이 책에서는 개별언어인 일본어에 앞서, 상위개념인 기호와 언어에 관한 서술에 지면을 할애하였다. 학문적인 기술이나 용어는 가급적 배제하고, 평이한 일상용어를 사용하여, 부담 없이 읽어 내려갈 수 있는 글이 될 수 있도록 노력하였다.

2001년 8월

목 차

I 기호(記号) / 7
1. 기호란 / 7
2. 기호의 종류 / 10
   (1) 표현의 의도성(意図性) / 10
   (2) 기호현상의 객관성 / 12
   (3) 감각기관에 의한 분류 / 12
   (4) 표현과 내용의 개연성(蓋然性) / 14
3. 커뮤니케이션 / 16
   (1) 코드(code) / 18
   (2) 송신자와 수신자 / 19
   (3) 전달매체 / 20
   (4) 기호의 전달과정 / 21

II 언어(言語) / 25
1. 언어란 무엇인가 / 25
2. 언어의 특성 / 26
   (1) 자의성(恣意性) / 26
   (2) 이중분절성(二重分節性) / 28
3. 언어의 존재양식 / 32
4. 언어의 기능 / 34
5. 음성언어와 문자언어 / 35
6. 언어의 구조 / 37
   (1) 문법 / 37
   (2) 음운(音韻) / 38
   (3) 의미(意味) / 40

III 일본어 / 43
1. 일본어란 / 43
2. 일본어의 표기 / 47

(1) 가나(仮名)문자 / 48
     ① 오십음도(五十音図) / 48
     ② 탁음(濁音) / 50
     ③ 반탁음(半濁音) / 50
     ④ 요음(拗音) / 51
     ⑤ 발음(撥音) / 52
     ⑥ 촉음(促音) / 53
     ⑦ 이로하우타(いろは歌) / 54
   (2) 한자 / 55
     ① 고대한자 / 55
     ② 한자의 통일 / 56
     ③ 현재의 한자 / 56
     ④ 한자의 구조 / 57
     ⑤ 일본한자 / 59
     ⑥ 구독점(句読点)과 띄어쓰기 / 66
3. 일본어의 발음 / 68
   (1) 모음(母音) / 68
     ① 「あ/い/え」와 「아/이/에」 / 69
     ② 「お」와 「오/어」 / 70
     ③ 「う」와 「우/으」 / 70
   (2) 자음(子音) / 71
     ① 「が/だ/ば」와 「가/다/바」 / 71
     ② 「ざ/ぜ/ぞ」와 「자/제/조」 / 73
   (3) 액센트 / 73
4. 일본어의 어휘 / 76
   (1) 일본어의 어종(語種) / 76
     ① 화어(和語) / 76
     ② 한어(漢語) / 77
     ③ 외래어(外来語) / 78
   (2) 우리말 속의 일본어 / 79
     ① 일본어 / 80
     ② 일본식 한자어 / 82
     ③ 일본식 외래어 / 83
5. 일본어의 문법 / 85

(1) 구성요소 / 85
　　　(2) 품사 / 85
　　　(3) 기본문형과 어순 / 87
　　　(4) 술어의 활용 / 89
　　　(5) 시제(時制)와 상(相) / 90
　　　(6) 태(態) / 91
　　　(7) 장면의존성(場面依存性) / 92

Ⅳ 일본어의 표현 / 93
　1. 언어표현의 요소 / 93
　2. 언어표현의 구체성(具體性) / 97
　3. 일본어의 표현 / 100
　　(1) 명사문(名詞文) / 101
　　　① 명사 / 102
　　　② わたしは学生です / 109
　　(2) 형용사문(形容詞文) / 121
　　　① 형용사 / 121
　　　②형용사의 활용(活用) / 122
　　(3) 형용동사문(形容動詞文) / 127
　　　① 형용동사 / 127
　　　② 형용동사의 활용 / 129
　　(4) 동사문(動詞文) / 131
　　　① 동사 / 131
　　　② 동사의 활용 / 132

부 록 / 153
일본어투생활용어순화자료 / 153
상용한자일람 / 169
학년별 한자배당표 / 173
現代仮名遣い / 177
일본인의 성씨 / 185
일본속담 / 189
초급독해『かさじぞう』/ 197
중급독해『マッチ売りの少女』/ 201
고급독해『賢者の贈り物』/ 207

기호(記號)

1. 기호란.

「기호」라는 말에서 우리가 일반적으로 연상하는 것은, 영어 사전에 실려있는 발음기호나 지도에서 지형지물을 나타내는 여러가지 표식, 수학에 있어서의 산술부호, 악보에 실려있는 음표, 교통표지판 등의, 무엇인가 구체적인 대상을 대신하여 이들을 나타내거나 상징하는, 이른바 부호(符号)나 신호(信号)이다.

하지만, 언어학(言語学)이나 기호학(記号学)에서 말하는 기호는, 이보다 훨씬 넓은 범위의 것으로, 인간의 감각기관을 통하여 지각되는 모든 사물들이 여기에 포함이 된다.

예를 들어,

하늘을 나는 한 마리의 새(시각),
이웃집에서 들려오는 아기의 울음소리(청각),
얼굴을 스치는 차가운 겨울바람(촉각),
향기로운 꽃향기(후각),
풋사과의 시큼한 맛(미각)

등에 대하여 우리들은 -의식을 하던 하지 않던-나름대로의 느낌을 가지며, 이처럼 우리에게 무엇인가를 느끼게 하는, 지각이 가능한 모든 대상, 바꾸어 말하자면, 우리들이 감각기관을 통하여 느낄 수 있는 모든 사물의 존재가 기호인 것이다.

우리말에 있어서 [namu]라는 음성연속은 〈나무〉라는 의미를 나타내며, [고개를 좌우로 흔드는 동작]은 일반적으로 〈부정(否定)〉을 나타낸다. 바꾸어 말하면, 청각을 통하여 지각된 [namu]와, 시각을 통하여 지각된 [고개를 좌우로 흔드는 동작]은 우리에게 〈나무〉와 〈부정〉이라는 메시지를 각각 환기(喚起)시킨다.

이처럼 인간의 감각기관을 통하여 지각된 어떠한 대상이, 특정한 느낌이나 메시지를 환기하는 현상을 「기호현상(記号現象)」이라고 하며,

[namu]나 [고개를 좌우로 흔드는 동작]처럼 인간의 감각기관에 의해 지각되는 대상을 「기호표현(記号表現)」, 이러한 대상들에 대한 지각에 의해 환기되는 〈나무〉나 〈부정〉이라는 메시지를 「기호내용(記号内容)」이라 한다.

기호란, 기호표현과 기호내용의 결합체를 말하는 것으로, 내용이 없는 기호나 표현이 없는 기호는 존재할 수가 없다. 지각이 없이는 느낌도 존재할 수 없기 때문이다. 이는 마치 부모와 자식간의 관계와도 같아, 부모가 없이 자식이 존재할 수 없으며, 부모 역시 자식의 탄생에 의해 비로소 부모로서 존재할 수 있는 것과도 같다.

기호와 기호현상의 차이는, 기호가 개인의 뇌리에 기억이나 경험의 형태로 저장되어 있는 잠재적인 존재인 것에 비하여, 기호현상은 기호의 발현(発現)으로, 이는 마치 사전 속에 등록되어 있는 어휘와 실제로 발화된 구체적인 어휘와의 차이점과도 비교할 수 있어, 전자가 기호라면, 후자는 기호현상이다.

2. 기호의 종류

(1) 표현의 의도성(意図性)

「표현」이라는 용어에서 우리는 일반적으로 표현주체의 존재를 상정(想定)하기 쉬우나, 「기호표현」에 있어서의 「표현」은, 타동사(나타내다)라기보다는 자동사(나타나다)로 이해하는 것이 바람직하여, 표현주체의 유무와는 상관없는 기호표현이 존재한다.

[아침에 들리는 까치의 울음소리]로 〈반가운 손님〉을 예상한다거나, [이마에 생겨난 여드름]으로 〈누군가가 자신을 좋아하고 있음〉을 예측하는 관습도 역시 대상의 지각에 의한 메시지의 환기라는 점에서 「記号現象」의 하나로 볼 수 있으나, 이 경우, 앞서 예로 든 [namu]나 [고개를 좌우로 흔드는 동작]과는 엄연한 차이가 있다.

[namu]라는 음성연속이나 [고개를 좌우로 흔드는 동작]이라는 기호표현에는 표현주체(送信者)의 전달의도가 명확히 존재하고 있는 반면, [아침에 들리는 까치의 울음소리]나 [이마에 생겨난 여드름]은 표현이라기보다는 자연적, 생리적인 현상으로, 설령 까치나 생리작용자체를 표현주체로 인정한다고 하더라도 전달의 의도가 존재하지 않는다는 점에서, [namu]나 [고개를 좌우로 흔드는 동작]과는 구별이 된다.

[아침에 들리는 까치의 울음소리]나 [이마에 생겨난 여드름]은 그저 자연현상이거나 생리적인 현상일 뿐이지만, 이러한 현상들

이 기호표현이 될 수 있는 것은, 이를 듣거나 보는 주체(受信者)가 지각된 표현에 대하여 각각 일정한 기호내용을 부여하고 있기 때문이다.

이처럼 기호는, 전달의도의 유무에 따라,

> 의도적인 기호
> 무의도적인 기호

로 나눌 수가 있어, 굴뚝에서 솟아오르는 연기의 방향이나 각도로 풍향(風向)과 풍속(風速)을 안다거나, 나뭇잎의 색깔로 가을을 느낀다거나, 신체적인 특징으로 건강상태를 파악하는 경우 등은 모두 전달의 의도는 찾아볼 수 없는 무의도적인 기호로 볼 수 있다.

이에 비하여, 우리가 일상생활에서 사용하는 언어나 신호, 부호 등은 전달의 의도가 분명히 존재하는 의도적인 표현으로, 광고나 선전과 같은 경우, 표현의 의도성은 극대화한다.

전달의도의 유무는 반드시 명확히 판단할 수 있는 것은 아니어서, 표정이나 몸짓, 언어표현에 있어서의 감탄사 등과 같이 두 가지의 특성을 동시에 인정할 수 있는 경우도 적지 않다.

예를 들어 화난 사람의 굳은 표정은, 감정의 변화에 의한 단순한 생리적인 현상으로도 개인의 의도적인 의사표시로도 받아들일 수가 있으며, 산에 올라 외치는 고함소리에서 전달의사의 유무를 판단하기에는 애매한 부분이 있다.

(2) 기호현상의 객관성

언어나 부호, 신호 등과 같이, 집단구성원간의 약속이나 관습에 의해 기호표현과 기호내용의 결합관계가 정해져있는 기호가 존재하는 반면, [반잔의 술]이라는 시각적인 기호표현은, 개인에 따 〈반이나 남았다〉고도, 〈반밖에 남지 않았다〉고도 해석될 수 있어, 이러한 경우 개인적인 경험이나 감성에 따라 기호표현과 기호내용의 결합관계는 일정하지 않다.

기호표현과 기호내용의 결합관계는 이처럼 객관적인 결합관계와 주관적인 결합관계의 양극단을 생각할 수 있지만, 기호의 객관성에 대한 판단은, 그 기준을 어디에 두는가에 따라 유동적으로, 특정한 집단 내에서의 객관적인 기호가 집단 간에 있어서는 주관적일 수가 있다.

[오징어를 굽는 냄새]라는 후각적인 기호표현은 한국인이나 일본인들에게는 일반적으로 〈구수한 냄새〉라는 기호내용과 결합하지만, 서구인들에게 있어서 반드시 그렇지는 않다. 또한, [무궁화]라는 기호표현에 대해 한국인과 일본인이 환기하는 기호내용은 같지 않다.

(3) 감각기관에 의한 분류

기호표현과 기호내용의 결합체를 기호라 하고, 이러한 일련의 결합과정을 기호현상이라고 하였을 때, 기호현상은 필연적으로 인간의 감각기관을 매개로 한다.

인간의 감각기관은, 시각, 청각, 촉각, 후각, 미각의 다섯 가지로 분류하는 것이 일반적으로, 기호현상이란, 기호표현이 이러한 다섯 가지의 감각기관의 하나(또는 둘 이상)를 통하여 우리에게 지각됨으로써 가능해진다.

이러한 감각기관을 기준으로 기호를 분류하면, 기호는 각각,

> 시각적(視覺的)인 기호
> 청각적(聽覺的)인 기호
> 촉각적(触覺的)인 기호
> 후각적(嗅覺的)인 기호
> 미각적(味覺的)인 기호

의 다섯 가지로 분류할 수가 있다.

언어를 예로 들자면, 문자언어는 시각을 매개로 하는 기호이며, 음성언어는 청각을 매개로 하는 기호에 속한다. 점자(点字)와 같이 촉각을 매개로 하는 특수한 경우도 있다.

의사의 진찰을 예로 들면, 진찰이란 환자가 지니고 있는 여러 가지 증세(기호표현)을 근거로 건강상태(기호내용)을 파악해내는 행위로, 이 경우, 안색이나 눈동자의 색깔, 혀의 색깔 등은 시각적인 기호이며, 청진기를 통해 듣는 환자의 맥박은 청각적인 기호이다. 환자의 머리를 짚어 열을 잰다거나, 맥을 짚어 진맥을 하는 경우는 촉각적인 기호에 속한다.

후각과 미각의 경우, 기호전체에서 차지하는 비중은 상대적으로 작지만, 음식의 부패여부를 구별하거나, 식사의 즐거움을 느끼게 하

는 것은 바로 이 두 가지의 감각이다. 와인을 감별하는 소믈리에의 경우, 극도로 예민한 후각과 미각을 통하여 〈와인의 품질〉이라는 기호내용을 파악해 낸다.

> 우리가 흔히 말하는 「육감(六感)」이라고 하는 것은, 인간의 다섯 가지 감각기관(五感)을 거치지 않고 특정한 느낌이나 메시지를 획득하는 능력을 말하는 것으로, 이는 표현자체가 내재적이고 복합적이기 때문에 얼핏 보기에 그렇게 느껴지는 것일 뿐, 이 경우에도 주위상황에 대한 복합적인 지각이나 기억 속에 존재하고있는 과거의 경험 등이 표현의 역할을 하고 있다고 볼 수 있다.

(4) 표현과 내용의 개연성(蓋然性)

표현과 내용의 관계를 기준으로 한 분류로는, 도상(icon), 지표(index), 상징(symbol)의 세 가지 분류가 있다.

먼저 도상(図像)이란, 기호표현과 기호내용이 유사성을 띠고 있는 경우로, 사진이나 초상화, 지도 등이 이에 속한다.

지표(指標)란, 기호표현과 기호내용이 근접성을 띠고 있는 경우로, 방향을 나타내는 화살표나, 온도를 나타내는 수은주 등이 여기에 속한다.

상징(象徵)은 표현과 내용의 관계가 관습 혹은 규칙에 의해 임의로 결정된 기호로, 언어가 그 대표적인 예이다. 상징은 지극히 다의적인 개념이지만, 일반적으로는 네 잎 클로버가 행운을 상징

한다던가, 비둘기가 평화를 상징하듯이, 인간이 직접적으로 지각할 수 없는 그 무엇인가를 특정한 관련성에 의해 구체적으로 나타낸 것을 말한다.

> **도상(icon)**, 지표(index), 상징(symbol)의 분류는 반드시 명확하게 분류되는 것은 아니어서, 도상과 지표, 지표와 상징간의 경계는 연속적이다.

3. 커뮤니케이션

communication의 어원은 「공유하는」 「공통적인」 「일반적인」 「공공(公共)의」 라는 뜻을 가진 라틴어 communis로, 우리말에는 communication에 꼭 들어맞는 말은 없어, 상황에 따라 「의사소통」 「교류」 등의 용어가 사용된다. 애초에 communication이라는 외래어가 우리 사회에 정착된 것도 이 때문일 것이다.

커뮤니케이션의 양상은 다양하여, 「보고」 「통보」 「전달」의 경우와 같은 일방적인 경우와, 「대화」 「토론」 등과 같이 상호적인 경우가 있다. 또한, 증여나 매매, 교환 등의 구체적인 물건을 주고받는 행위도 넓은 의미로는 커뮤니케이션에 속한다.

커뮤니케이션에 참여하는 인원에 있어서도, 개인과 개인간의 일대일 커뮤니케이션에서, 강연이나 연설, 수업 등, 다수의 인원을 대상으로 하는 경우와, 단체적인 청원이나 진정 등의 경우와 같이 다수의 인원이 한사람을 대상으로 하는 경우가 있을 수 있다.

매매나 임대, 증여, 배달 등의 경우와 같이, 구체적인 대상을 전달하는 행위는, 대상 그 자체를 주고받음에 의해 이루어진다. 하지만, 의사전달의 경우, 전달하고자 하는 대상은, 손으로 만지거나 귀로 듣거나 눈으로 확인할 수 없는 머리 속의 사고내용으로, 이를 상대방에게 그대로 전달할 수는 없다.

> **텔레파시와** 같은 초능력의 경우, 머리 속의 사고내용을 그대로 상대방에게 전달하거나 상대방의 사고내용을 읽어낼 수가 있다고 일컬어지나, 이러한 특수한 경우는 문제 외로 한다.

이 경우, 송신자는 어쩔 수 없이 자신의 내면적인 사고내용을 무엇인가 상대방이 오감을 통하여 지각할 수 있는 구체적인 형태로 바꾸어 전달하지 않을 수 없다.

예를 들어, 상대방에 대한 긍정의 의사를 전달하기 위해 발성된 [예]라는 음성은, 〈긍정〉이라는 송신자의 사고내용을 구체적이고 지각 가능한 형태로 나타낸 것으로, 구체적인 음성 [예]는 〈긍정〉이라는 사고내용과 더불어 기호를 이루고 있으며, 〈긍정〉이라는 사고내용을 [예]라는 음성이 대신하는 기능을 기호기능이라 할 수 있다.

앞에서도 언급하였듯이, 언어는 기호의 한 부분에 지나지 않아, 언어이외에도 인간의 오감을 통하여 지각이 가능한 모든 대상이 기호기능을 가질 수 있으며, 따라서 기호가 될 수 있다. [떨어지는 낙엽]이라는 시각적인 기호표현은, 〈가을〉을 나타낼 수 있으며, [문을 두드리는 소리]는 〈누군가의 방문〉이라는 내용을 지닌 청각적인 기호표현이 될 수 있다.

기호표현의 대부분은 시각이나 청각에 의해 지각이 되지만(문자와 음성에 의한 전달이 주가 되는 언어의 경우가 그 대표적인 예이다), 이 밖에도 [구수한 된장찌개냄새]로 〈고향의 어머니〉를 떠올린다거나, [심장의 박동]으로 〈생명의 존재〉를 확인한다거나, [단맛]으로 〈과일의 숙성도〉를 알아보는 등의 후각, 촉각, 미각 또한 기호를 지각하는 중요한 기능을 지닌다.

(1) 코드(code)

　기호표현과 기호내용의 결합관계를 저장해 둔 기억의 총체를 코드라고 한다. 다시 말하면, 코드는 사물에 대한 인식의 총체로, 어떠한 기호표현에 어떠한 기호내용이 결합되어 있는지를 나타내는 목록의 역할을 한다.

　커뮤니케이션에 있어서의 코드는, 기호내용을 지각이 가능한 기호표현으로 바꾸고, 지각된 기호표현으로부터 기호내용을 읽어내는 난수표와도 같은 역할을 한다.

　코드의 단위로는, 작게는 개인이나 가족에서 크게는 민족이나 인류전체에 이르기까지 다양한 단위를 상정(想定)할 수 가 있어, 단위가 커질수록 코드의 일치성은 낮아진다.

　개인과 개인이 원활한 커뮤니케이션을 하기 위해서는 양자간의 코드의 일치성이 보장되어야만 한다. 일본어를 모르는 한국인과 한국어를 모르는 일본인과의 언어에 의한 의사소통이 불가능한 것은, 양자간에 언어코드의 일치성이 보장되어있지 않기 때문으로, 외국어를 학습한다는 것은 바로 새로운 언어코드를 습득하여, 그러한 코드를 지닌 사람들과의 언어적인 커뮤니케이션을 꾀하기 위한 것이기도 하다.

　코드의 불일치는 언어간에서 뿐 아니라 여러 가지 장면에서 발생할 수 있다. 같은 언어를 사용하더라도 연령이나 직업, 종교, 성별, 지역 등의 격차에 의해서도 코드는 달라지며, 이러한 코드의 불일치는 커뮤니케이션 장애의 원인이 되기도 한다.

젊은 세대에게는 〈세련된 감각〉이라는 긍정적인 기호내용을 가지는 [찢어진 청바지]가, 기성세대의 코드에서는 〈불성실〉이라는 기호내용으로 파악될 수도 있으며, [십자가]라는 기호표현에 대한 기독교신자의 기호내용은 이교도들이나 무신론자들과는 구별된다.

개인이 소유하는 코드는, 개인의 지식과 경험의 축적이라고도 할 수 있으며, 이러한 의미에서 개인의 코드는 내부로부터의 사고와 외부로부터의 지식과 경험의 습득에 의하여 변화하는 유동적인 존재로, 외부적인 지식과 경험의 습득은 같은 집단에 속하는 개인간의 코드의 일치를 보장하여 준다.

일반적인 경우와는 달리, 일부 전문적인 지식을 지닌 사람들의 경우, 코드의 영역은 부분적으로 확대된다. 의사는 [환자의 증상]이라는 기호표현으로부터 〈환자의 건강상태〉라는 기호내용을 파악해 낼 수 있는 전문적인 코드를 지니며, 점술가는 [손금이나 얼굴생김새]라는 기호표현으로부터 〈당사자의 운명〉이라는 기호내용을 파악해 낼 수 있는 전문적인 코드를 지닌다.

(2) 송신자와 수신자

커뮤니케이션의 주체는 송신자와 수신자로 나눌 수 있다. 언어의 경우라면 언어기호를 전달하는 측, 즉 말하는 사람이 송신자가 되고, 이를 전달받는 측, 즉 듣는 사람이 수신자가 되어, 상호간의 역할을 교체해 가면서 커뮤니케이션을 행하는 것이 일반적이다.

실제적인 커뮤니케이션에 있어서 송신자와 수신자는 개인일 수도 집단일 수도 있다. 합창이나 집단시위의 경우, 송신은 두 명 이상의 집단에 의해서 이루어지며, 텔레비전이나 라디오 등의 방송매체일 경우, 수 천만명의 수신자가 존재할 수도 있다.

(3) 전달매체

송신자가 송신한 기호표현이 수신자에게 전해지기까지의 경로를 전달매체라고 하자.

과학이 발달하기 전의 전달매체는 주로 개인과 개인간의 직접적인 기호전달에 의한 것이었다. 음성언어의 시간적인 제한과 공간적인 제한을 극복하기 위하여 문자가 발명된 이래, 인류는 기호를 보다 빠르고 정확하게, 그리고 다수에 의한 전달이 가능하도록 전달매체를 변화시켜 왔다. 확대경이나 망원경, 현미경 등의 광학기술은 인간의 시각적인 지각능력의 한계를 극복하게 하였으며, 보청기나 확성기 등은 인간의 청각적인 지각능력을 신장시켰다.

문자기재, 녹음, 녹화, 방송, 통신 등의 수단은 송신자와 수신자간을 시간적 제약과 공간적 제약으로부터 자유롭게 한다. 문자기재를 통하여 수 백년 전에 존재했던 송신자를 만날 수가 있고, 현재의 통신기술은 지구반대편에 있는 수신자와의 커뮤니케이션을 가능하게 한다.

컴퓨터를 이용한 인터넷서비스는 시각과 청각을 통한 기호전달에 있어서 종래의 방송매체와는 달리 개인의 선택과 다수에 의한 대량 전달의 욕구를 동시에 충족시켜주는 첨단매체라고 할 수 있다.

향기가 나는 편지지나, 영화의 내용에 따라 좌석이 진동을 하는 영화관의 출현 등은, 기호표현의 전달효과를 높이기 위한 다양한 시도중의 하나이다.

(4) 기호의 전달과정

이상에서 언급한 용어의 개념들을 사용하여 우리가 일상생활에서 행하고 있는 커뮤니케이션의 과정을 그림으로 나타내면 다음과 같다.

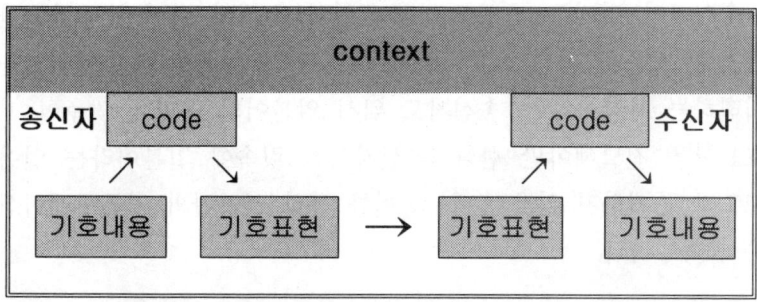

우선 송신자는 자신의 내부에 있는 기호내용을 수신자가 지각할 수 있는 형태의 기호표현으로 바꾸어야 할 필요가 있다. 이때, 어떠한 형태의 기호표현을 선택할지는 수신자와 전달매체를 포함한 주위의 상황(context)에 따라 결정된다.

앞서 예로 들었던 [긍정]이라는 기호내용의 경우를 예를 들면, 일반적으로는 음성언어를 통한 기호표현(한국어라면 [예]나 [응], [그래] 등)이 사용되지만, 송신자와 수신자의 거리가 떨어져 있거나, 소리를 내어서는 안될 장소이거나, 소음이 심한 장소일 경우에는, 청각을 통한 전달보다는 몸짓(고개를 끄덕이거나, 엄지와 검지로 원을 만들어 보이는 등의 행위 등)이나 문자 등의 시각적인 기호표현이 선택될 수도 있다.

반대로, 빛이 없는 어두운 장소나 장애물에 의해 송신자와 수신자의 시각이 차단되어 있을 경우에는, 청각적인 기호표현을 통한 전달이 효율적이다. 이처럼 송신자는 동일한 기호내용일지라도 상황에 따라 다양한 기호표현을 선택하여 이를 수신자에게 전달한다.

수신자가 가지는 특성도 기호표현의 선택에 관여하는 중요한 요소로 작용을 한다. 예를 들어, 수신자가 일본어라는 언어만을 이해하는 사람이라면, 송신자도 역시 일본어의 어법에 맞추어 기호표현을 전달해야만 한다. 송신자의 머릿속에 일본어라는 언어코드가 존재하지 않을 경우, 언어를 통한 양자간의 커뮤니케이션은 불가능하다.

코드의 차이는 언어뿐 아니라, 송신자와 수신자간의 연령이나 입장의 차이에 의해서도 발생한다. 같은 언어코드를 가지고 있더라도, 수신자가 어린아이일 경우, 수신자의 코드를 감안하여 기호표현을 구성해야되는 경우가 있다(맘마, 어부바, 때찌 등, 이른바 유아어가 그러하다).

이 밖에도, 특정한 집단의 구성원들 간에서만 통용되는, 전문용어, 은어, 속어 등을 통한 커뮤니케이션도 그 집단의 구성원이 그들만의 코드를 공유하고 있다는 전제 하에서 가능한 것이다.

이러한 경위에 의해 만들어진 기호표현이 수신자에게 지각되었을 때, 수신자 측에서는 송신자와는 반대의 과정을 거쳐서, 송신자가 보내온 기호표현으로부터 송신자의 의도(기호내용)를 파악하게 된다. 다시 말하면, 송신자로부터 전달된 기호표현을 자신이 소유하고 있는 코드에 입력하여 조회함으로써, 기호표현에 담겨있는 기호내용을 파악하는 과정이다.

이 경우에도 수신자는 송신자와 동일한 코드를 공유하고 있을 필요가 있다. 한국어라는 언어코드만을 가진 사람에게 있어서 일본어는 기호로서의 기능을 다할 수 없다.

이 밖에도 기호의 전달과정은 다양한 양상으로 나타낸다. 문학작품이라는 기호표현을 통한 작자와 독자간의 전달과정의 경우, 문자의 집합으로 이루어진 작품은 송신자인 작자(소설가나 시인)에 의해 생산된 기호표현으로, 작자는 자신의 정신세계(작자의 코드)를 통해 파악한 대상(기호내용)을 작품(기호표현)으로 표현한다.

한편, 독자에 의한 작품의 감상(수신)은 작자의 경우와는 반대의 절차를 밟게 된다. 작품을 접한 독자는 우선 자신의 코드를 통하여 작자의 의도를 파악한다. 이 경우, 작자와 독자의 정신세계인 코드가 상호간에 일치도가 높을수록 작자의 의도는 효과적으로 파악이 되며, 독자는 작자가 작품을 써나가는 과정에서 체험하였던 정신적인 활동을 되풀이하여 체험(追体験)하게 된다.

사진의 경우도 마찬가지로, 사진작가가 촬영한 한 장의 사진은 시각적인 기호표현이며, 사진 속에는 피사체에 대한 사진작가의 표현의도인 기호내용(노출, 촬영각도, 거리, 구성 등)이 담겨져 있다. 이 경우에도 역시 수신자로서의 감상자는 사진에 담겨져 있는 피사체에 대한 사진작가의 시각을 체험할 수가 있다.

II. 언어(言語)

1. 언어란 무엇인가.

 언어란 인간상호간의 의사전달 수단으로, 청각적인 지각(知覺)을 매개(媒介)로 하는 기호체계이다. 언어는 인간만이 가지는 특징으로, 인간이외의 동물에게도 언어적인 의사전달수단을 부분적으로 인정할 수는 있으나, 그 표현능력과 구조의 체계성 등을 감안할 때, 인간의 언어는 동물의 그것과는 질적으로 구분되어야 할 것이다.

2. 언어의 특성

(1) 자의성(恣意性)

언어는 기본적으로 인간 상호간의 의사소통을 위한 기호의 체계이다. 모든 기호가 그렇듯이 언어도 전달하고자 하는「내용」과 그것을 실어 나르는「표현」의 두 가지 요소로 구분된다.

언어에서의 내용은 의미이며 표현은 음성이다. 이러한 의미와 음성의 관계는 마치 동전의 앞뒤와도 같아서, 이 중 어느 하나라도 결여되면 언어라고 할 수 없게 된다. 즉, 음성만 있고 의미가 없거나, 음성은 없고 의미만 있다거나 하는 경우에는 언어로서 성립할 수가 없게 되는 것이다.

이러한 언어 기호에서 표현으로서의 음성과 내용으로서의 의미는 그 어떤 필연적인 관계도 맺고 있지 않다.

예를 들어 우리말에서는 〈사랑〉이라는 내용의 표현으로, [saraŋ]이라는 음성연속이 사용된다. 그러나 다른 언어에서는 같은 내용일지라도 [love]나 [愛]등으로 그 표현은 각각 달라진다.

이러한 사실을 통하여 우리는 언어에 있어서의 표현과 내용사이에는 아무런 필연적 관계가 없다는 사실을 알 수가 있으며, 언어의 이러한 특성을 자의성(恣意性)이라고 한다.

일반적인 언어와는 특성을 달리하지만, 의성어(擬声語)와 같은 음상징어(音象徵語)의 경우, 표현과 내용간의 필연적인 관계를 생각해 볼 수도 있으나, 개 짖는 소리의 표현인 한국어의 「멍멍」과 일본어의 「왕왕」, 영어권의 「바우바우」 등은 내용과 표현의 자의성을 입증하는 또 하나의 증거가 될 뿐이다.

언어기호란 특정한 집단 내에서 특정한 내용을 특정한 음성을 사용하여 지시하도록 한 약속으로, 언어가 자의적인 성격을 지니고 있더라도, 일단 사회적인 약속으로 수용되고 나면 이를 개인이 마음대로 바꿀 수가 없다.

언어가 가지는 자의성의 또 다른 측면은 특정한 언어에 있어서의 어휘의 체계는, 연속적으로 이루어져 있는 구체적인 세계를 불연속적인 것으로 끊어서 표현한 분류의 체계로, 언어가 달라지면 이러한 분류의 양상에도 차이가 발생한다.

이러한 분류의 양상은 상대적인 것이어서, 어떤 식으로 분류를 하는지는 개개의 언어집단의 따라 자의적으로, 필연성이 없다. 단적인 예로, 흔히 무지개를 일곱 색으로 분류하지만, 이러한 분류가 무지개 자체에 나타나 있지는 않아, 무지개를 빨강, 주황, 노랑, 초록, 파랑, 남색, 보라의 일곱 가지 색으로 분류한다는 것은 수많은 분류가능성중의 하나일 뿐이다.

언어의 예로, 우리말과 일본어에서 각각 형제간의 호칭을 들어, 형제관계에 대한 각 언어에서의 대상구분을 비교해 보면,

남자	손 위	あに
	손아래	おとうと
여자	손 위	あね
	손아래	いもうと

손 위	남자	표현주체가 남자	형
		표현주체가 여자	오빠
	여자	표현주체가 남자	누나
		표현주체가 여자	언니
손아래	동생		

　표에서 보는 바와 같이, 손위의 형제에 대해서는 한국어의 어휘가, 손아래의 형제에 대해서는 일본어어휘가 더 세부적인 체계를 지니고 있다.

　이처럼, 언어에 따라 세상을 분류하는 양상은 서로 다르며, 분절된 각각의 단편에 붙은 이름 또한 대상과는 아무런 관련이 없다. 시대에 따른 언어의 변화나, 언어의 다양성은 모두 이러한 언어의 자의성에서 기인한다.

(2) 이중분절성(二重分節性)

　앞에서도 언급하였듯이, 인간의 감각기관에 의해 지각된 대상이 무엇인가 의미를 가질 때, 그 대상은 기호가 된다. 그리고 이러한 의미에서 인간의 언어는 기호의 범위에 속한다. 일반적으로 언어는 청각(음성)과 시각(문자)을 통한 기호로, 다른 기호와 다른 특성으로는 이중분절성을 들 수가 있다.

인간의 기억능력에는 한계가 있어, 하나의 기호표현이 하나의 메시지를 전달하는 방식(예를 들어 [신호등의 파란 불]은 〈건너시오〉)으로는 지금과 같은 무수한 표현이 불가능하다. 하지만 인간은 언어를 통하여 길거나 짧은 무수한 언어표현을 하여왔으며, 미래에도 과거에 그 누구도 사용하지 않았던 언어표현을 무한대로 생산해 낼 수가 있다.

이것은 언어기호가 지닌 이중분절성이라는 특징에 의해 가능한 것으로, 이중분절에 의해 인간의 언어는 그 경제성과 다양성을 보장받는다. 혹시 인간이 하나하나의 표현을 위해 오로지 그 표현만을 위한 기호표현을 사용한다면, 이러한 무한대에 가까운 독자적인 기호는 인간의 기억능력으로는 불가능할 것이다. 인간의 기억능력으로 가능한 것은, 한정된 숫자의 기호로, 인간은 이러한 한정된 숫자의 기호를 조합함으로써, 무한에 가까운 다양한 언어표현을 만들어내고, 또한 이를 이해한다. 이는 마치 0에서 9까지의 열 개의 아라비아숫자를 사용하여 무한대의 수치를 나타낼 수 있는 것과도 같다.

영어를 예로 들자면, 26개의 알파벳은 상호간의 결합에 의하여 무한한 숫자의 단어(word)를 만들어 낼 수 있으며, 실제로 이렇게 만들어진 수만 개의 단어들은 다시 일정한 규칙에 따라 무한대의 문(sentence)의 일부로써 사용된다.

우리말의 「봄이 왔다」는 세분화하면 「봄」 「이」 「왔다」의 셋(이처럼 의미를 지닌 최소한의 형식을 意味素라고 한다)으로 나눌 수가 있어, 세개의 성분에 대한 각각의 인식과, 성분간의 관계를 인식함으로써 특정한 메시지가 전달이 된다. 이를 일차적인 분절이라 한다. 만일 분절을 이용하지 않고 개개의 내용을 각각의 색깔이나 도형을 사용하여 나타낸다면, 인간이 표현할 수 있는 영역은 기껏해야 수백을 넘지 못할 것이다.

또한, 수천 수만에 이르는 의미소를 하나하나 미분화된 음성연속으로 구별하기에는 인간의 기억능력과 발성능력에 한계가 있다 (예를 들어, [a]라는 모음 하나만을 사용하여 주변의 사물을 나타내어보자). 이 부분에서도 인간의 언어는 다시 한번 세분화의 수법을 사용하고 있다. 앞서 예로든 「봄」 「이」 「왔다」는 다시 [ㅂ/ㅗ/ㅁ] [ㅇ/ㅣ] [ㅇ/ㅗ/ㅏ/ㅆ/ㄷ/ㅏ]로 각각 나눌 수가 있어, 이를 이차적인 분절이라 한다.

일차적인 분절에 의한 의미의 단위나 이차적인 분절에 의한 음의 단위는 인간이 지닌 분석능력을 나타내는 것으로, 인간은 커다란 전체를 나타내기 위하여, 이를 자신의 능력의 한계 내에서 제어할 수 있는 단위로 분해하여 사용하는 것이다. 언어라고 하는 거대한 기호체계는 이러한 분절을 매개로 하지 않고서는 성립할 수 없다.

꿀벌이나 돌고래 등의 동물이 가지는 표현수단을 언어로 볼 수 없는 것은 그들의 표현이 이중분절에 의해 이루어진 것이 아니기 때문으로, 동물들의 표현수단은 하위성분의 복합에 의해서가 아니라, 하나하나의 대상마다 고유의 표현을 사용하기 때문에, 인간의 언어와 같은 무한의 표현은 불가능하다.

이중분절성은 인간이 사용하는 기호체계 중에서도 언어에 유일하게 존재하는 것으로, 간혹 복잡한 기호의 조합에 의해 복잡한 내용을 나타내는 경우도 없지는 않으나, 언어가 가지는 무한한 다양성에 비할 바는 아니다.

3. 언어의 존재양식

언어는 어떠한 형태로 인간사회에 존재하는가. 즉, 그 사회에 있어서의 발화행동의 총체로서 존재하는 것인지, 아니면, 그 사회에 속해있는 구성원들의 머리 속에 존재하는 것인지에 관해서는 여러 가지 견해가 있을 수 있으나, 정확히 말하면, 언어는 이러한 두 가지의 형태로 존재를 한다고 해야할 것이다.

발화행동이 복수의 타인에게로의 의사전달을 목적으로 하고 있을 경우, 거기에는 그 사회에서 일반적으로 인정하고 있는 관습이나 약속이 포함되어 있다. 발화행동에 있어서의 이러한 관습이나 약속의 총체가 언어의 한 모습이다. 그 사회에 속해있는 개인은 이러한 관습과 약속으로서의 언어를 습득하지 않는 한, 그 언어를 구사할 수는 없다.

하지만, 이러한 언어 역시 그 언어를 통하여 의사소통을 하는 언어사회가 존재하지 않는 한, 존재할 수 없으며, 이러한 점에서 개개인의 뇌리에 축적되어있는 언어 역시 언어의 또 다른 일면이라 할 수 있다.

이 두 가지는 상호보완적인 관계로 어느 한쪽이 결여되어도 언어로서 존재할 수 없게 된다. 스위스의 언어학자 소쉬르(F.D Saussure)는 언어의 이러한 두 가지 측면을 들어, 사회적인 관습으로서의 언어를 langue, 개별적이고 구체적인 발화행위를 parole이라 이름하여 구분하고, 체스의 예를 들어 설명하고 있다. 즉, 체스의 게임규칙은 langue에 해당하고, 개별적이고 구체적인 게임을 langue에 비유하고 있다. 개별적이고 구체적인 체스게임은 무한대로 다양한 양상을 나타내지만, 항상 정해진 규칙에 따라 게임이 진행되며, 역으로 체스의 규칙은 개개의 게임으로부터 추상되어 이루어진다(친근한 예로, 장기나 바둑, 화투놀이의 경우에서도 이러한 두 가지의 측면을 발견할 수 있다).

언어가 langue와 parole의 두 가지 측면을 지니고 있다는 것은, 시대에 따른 언어의 변화로도 증명이 된다. 만일 언어가 langue라는 제도적인 측면만을 지닌다면, 언어의 변화는 일어날 수가 없어, langue의 변화는 parole이 지닌 개별적인 측면이 점차적으로 시민권을 얻게됨으로써 발생한다. 양자간의 이러한 관계는 언어의 급진적인 변화를 저지하는 제동장치로서의 역할을 한다.

반대로 언어의 개별적인 발현은 끊임없이 langue의 존재를 위협하여, 점진적으로 langue의 모습을 변화시켜간다. 적당한 비유일지는 모르나, 정치에 비유를 하자면, langue는 변화를 거부하는 보수세력에 해당되며, parole은 개혁과 변화를 추구하는 개혁세력이라고 볼 수가 있겠다.

언어의 이와 같은 두 가지 측면은, 각각 언어의 급격한 변화를 방지하면서도, 시대의 변화에 따른 언어의 적절한 변화를 추구하는 상호보완적인 관계로 존재한다.

4. 언어의 기능

　언어는, 앞서 말한바와 같이, 인간상호간의 의사전달수단이지만, 그 기능은 여기에 멈추지 않는다. 사고를 지탱하는 수단, 자신의 감정을 표현하는 수단, 놀이로서의 언어 등과 같은 기능을 예로 들 수가 있다. 하지만, 그렇다고 해서, 언어의 본질적인 의사전달의 기능을 부정하거나 무시할 수는 없다.

　언어가 인간의 사고를 지탱하는 수단으로서의 기능을 가진다는 점은 다음의 예를 보더라도 분명하다. 인간은 그들의 집단적인 인식활동의 결과를 언어에 반영하고 있으며, 집단의 언어에는 그 집단의 사고방식과 가치관, 우주관, 생활양식이 반영되어 있다. 이처럼 언어는 인간의 인식과 그 연장선인 사고를 지탱하고 보조할 수 있는 기능을 본질적으로 지니고 있다.

5. 음성언어와 문자언어

지금까지의 기술은 주로「음성언어」에 관한 것이었지만, 이밖에도「문자언어」를 가지는 언어가 있다. 문자언어는, 본질적으로는, 음성언어의 보조적인 수단으로써 성립된 것으로, 음성언어에 의존하는 형태로 존재하지만, 음성언어가 발화가 끝나면 바로 소멸해버리는 반면, 문자언어는 오랫동안 보존할 수 있다는 점에서, 음성언어에는 없는 중요한 의미를 지닌다.

즉, 문자에 의한 기록은 그 당시에 그 장소에 참여하지 않은 사람에게도 그 내용을 전달할 수가 있으며, 지식의 양도, 나아가서는, 인쇄술의 발달에 의해 지식의 보급에도 커다란 역할을 했다.

하지만, 음성언어를 가진 모든 집단이 문자언어를 가지는 것은 아니며, 문자언어를 가지는 집단일지라도 구성원 전원이 이를 자유롭게 구사할 수 있다고는 할 수 없다는 등의 문제점 또한 없지 않다.

또한 문자언어가 지니는 특성으로부터 발생하는 문제점도 있어, 그 하나는 음성언어와의 격리현상이다. 이러한 현상의 최대의 원인은, 문자언어가 일단 정해지면 쉽게 변화하기 어려운 것에 비해, 음성언어는 시간의 흐름에 따라 끊임없이 변화해 가기 때문이다. 양자간의 격리가 심해지면, 문자언어를 개혁하려는 움직임이 나타난다. 우리나라의 한글맞춤법통일안 등이 바로 이러한 실례이다.

또 하나의 이유는, 대부분의 경우 문자언어는 그 집단의 지배적인 방언에 입각하여 결정된다는 점이다. 우리말의 경우, 문자언어는 이른 바 표준어에 의거하여 결정이 되며, 다른 방언의 경우, 그 방언을 음성언어로 하는 사람들에게 있어서의 문자언어는 애초부터 음성언어와는 격리되어 있는 상태이다.

6. 언어의 구조

언어는 대략 다음과 같은 구조를 지니고 있다.

(1) 문법

발화의 기준이 되는 단위로「문(sentence)」이라는 단위가 존재한다. 문은 이론적으로는 길이의 제한을 받지 않으며, 그 발화내용의 가능성도 무한대이지만, 일정한 구조를 지닌다.

문은 일반적으로는「단어(word)」의 열거에 의해 성립된다. 이러한 구조를, 앞서 말한 대로「분절」이라 한다. 개별적인 언어에 있어서 무엇을 단어로 인정할 지에는 여러 가지 문제점이 있지만, 어떠한 언어에도 단어는 존재하며, 그 숫자도 수천을 넘는 것이 일반적이다. 무한대의 문이 가능한 것은, 이러한 수천에 이르는 단어들을 조합하여 문을 형성하기 때문이다.

문의 구조가 언어에 따라 다르다는 것은 말할 것도 없지만, 인간의 인식과 언어와의 관계를 살펴볼 때, 다음과 같은 일반적인 경향을 찾아볼 수 있다.

우리가 세계를 인식할 때, 한꺼번에 전체를 인식하는 것이 아니라, 하나의 국면을 따로 떼어내어 인식하는 것이 일반적이다. 이 경우, 그 국면을 잘라내어 인식할 수 있도록 하는 국면의 특징이란 주로 그 국면에 있어서의 특정한 운동이다. 따라서 이러한 운동에 해당하는 것이 언어표현에 있어서도 우위를 차지하며,

문 속에 반드시 등장하게 된다. 즉 「술어」에 해당하는 부분이 어떠한 언어에도 반드시 나타나기 마련이다. 또한, 기본적으로 술어가 나타내는 운동과 직접적인 관계를 지닌 대상(즉, 그 운동과 동일한 국면에 포함되어 있는 것) 역시 같은 문 속에 포함될 수가 있다.

문법(文法)이라는 용어는, 자칫 언어에 있어서 우리들이 지켜야 할 규범이나 법칙으로 오해될 여지가 있다. 문법이란, 우리들의 일상적인 언어생활로부터 반복적인 특성이나 경향을 분석하여 정리해 놓은 것으로, 그 출발점은 어디까지나 인간의 구체적인 언어이다. 문법이 변화하는 요인은 문법 자체에 있는 것이 아니라, 우리들의 일상적인 언어에 있다.

형용사는 명사를 수식한다.
가 아니라,

대부분의 사람들은 형용사를 명사를 수식하기 위하여 사용한다.
는 표현이 더 사실에 가깝다.

(2) 음운(音韻)

언어를 음성이라는 면에서 바라보면, 단어는, 의미를 무시한다면, 보다 작은 단위로 분해할 수가 있다.

음성에서의 최소단위를 「음소」라 한다. 개별언어는 각각 일정한 수의 음소를 지니며, 이들을 순서대로 열거하여 단어의 음연속을 구성한다 (형태소가 모여 문을 이루는 경우와 마찬가지로, 이러한 구조도「분절」이라 불린다). 예를 들어「나무」의 경우, n/a/m/u라는 네 개의 음소가 순서대로 나열되어 있다. 동일한 음소는 특수한 경우를 제외하고는, 같은 음으로 나타난다. 즉, 나타나는 위치에 따라 앞뒤와의 연결을 부드럽게 하기 위한 음의 변화는 있지만, 그렇지 않은 경우에는 동일한 음으로 나타난다.

음소는 연속적으로 배열되어 단어의 음성을 구성하는 것이 아니라, 특정한 중간단계의 결합체를 구성하여, 그것이 단어 등의 음성을 구성하는 양상을 보인다. 이러한 중간적인 결합체를「음절(音節)」이라고 한다. 앞서 예로 든 [namu]의 경우, n, a, m, u는 각각 음소이며, n과 a의 결합체인 [na]와, m과 u의 결합체인 [mu]는 각각 음절이다.

음소	n	a	m	u
음절	na		mu	
단어(형태소)	namu(나무)			

음절의 성격, 구조는 언어에 따라 다르지만, 멀리까지 들리지만 발음에 에너지가 소모되는 모음을 중심으로, 그다지 멀리까지 들리지는 않지만, 발음의 에너지소모량이 적은 자음을 그 앞이나 뒤에 배치한다는 형식이 가장 일반적이다(한국어의「나」의 경우, [na]로 자음+모음,「남」의 경우, [nam]으로 자음+모음+자음).

어떠한 음을 음소로 할지는 언어에 따라 다르지만, 예를 들어「입술을 사용하는 폐쇄음(파열음)」에 유성음과 무성음의 구별

([b]와 [p])이 있으면 다른 폐쇄음에도 동일한 구별이 있다는 식으로, 조음기관의 운동형태의 종류를 줄여가면서도 많은 음을 보유하려고 하는 경향이 보여진다. 또한 언어에 따라서는, 단어내부에서 특정한 모음 뒤에는 특정한 모음만이 올 수 있다는 현상이 관찰되는 경우도 있다(우리말의 모음조화현상이 그러하다).

단어의 음성연속에 음소의 차이에 의한 구별과는 다른 음성적인 특징(강약의 차이나 고저의 차이)이 실려있는 경우가 있다. 이를 「액센트」라 하여, 강약의 구별이 의미의 차이와 연결되는 경우를 「강약액센트」 또는 「스트레스액센트(stress accent)」, 고저의 구별이 의미의 차이와 연결되는 경우를 「고저액센트」 또는 「핏치액센트(pitch accent)」라고 한다. 강약이나 고저와는 다른 음성적인 특징이 의미의 차이와 관계되는 경우도 있어, 음의 길이에 의해 의미가 변화하는 경우도 있다.

또한, 문의 전체나 일부에 나타나는 음성적인 특징을 「인토네이션」이라 한다. 대부분의 경우 인토네이션은, 음의 고저의 변화를 기준으로 하며, 문말(文末)에 나타나서, 특정한 의미에 대응하는 경우(예를 들어, 의문문의 인토네이션)가 많다.

(3) 의미(意味)

단어는, 고유명사를 제외하면, 개별적인 사물을 나타내는 것이 아니라, 복수의 사물로부터 하나의 특징을 추상하여 이를 하나의 단어로 나타내는 것이 일반적이다. 또한, 단어의 음과 의미의 사이에는, 약간의 예외(의성어나 의태어 등의 음상징어)를 제외하고는, 어떠한 필연성도 존재하지 않는다(이를, 앞서 언급한바와 같이 「기호의 자의성」이라 한다).

 하지만, 하나의 단어를 들어서 보면, 그 단어에 의해 나타내어질 수 있는 모든 사물에는, 일정한 공통점이 존재한다. 말하자면, 단어는 결코 개별적인 사물과 대응되어 있는 것이 아니라, 이와 같은 특정한 공통점과 대응되어 있는 것이다. 어떠한 단어에 의해 나타내어질 수 있는 모든 사물이 가지는 공통점이 바로 단어의 「의미」라고 불리는 대상이다.

 단어와 단어의 결합에 의해 성립되는 전체의 의미는, 그 구성 부분의 의미에, 결합에 의한 의미가 부가된 것이다. 문 전체의 의미의 성립에 있어서도 마찬가지이다. 문의 경우에도, 단어와 마찬가지로, 문이 나타낼 수 있는 것은 개별적인 특정한 사물이나 현상이 아니라, 특정한 공통점을 지닌 무한대의 국면이다.

III. 일본어(日本語)

1. 일본어란.

일본어는 아시아대륙의 동단에 위치한 일본열도에서 1억2천만의 인구에 의해 사용되는 언어이다. 사용인구라는 측면에서 보면, 일본어는 세계의 언어 중에서도 유력한 언어라고 말할 수 있으나, 일본어는 일본열도 내에서 다른 민족의 언어와 접촉하는 일 없이 거의 일본국내에서 유일하게 사용되는 언어라고 할 수가 있어, 언어의 분포라는 측면에 있어서는 섬나라의 언어라는 특수성도 지니고 있다.

일본국내에서 사용되는 타언어로는 재일 한국인(약 66만명)에 의해 사용되는 한국어(한국어사용인구는 약 15만)가 있으며, 일본의 원주민인 아이누족의 언어인 아이누어는, 일부 지역에서 그 흔적을 찾아볼 수 있을 뿐, 현재에 와서는 거의 사용되고있지 않다. 국외에서 일본어가 사용되는 경우로는, 북미나 남미로의 이주민들간에서 일본어가 사용되고 있지만, 세대교체에 의해 그 사용인구는 점차적으로 감소하고 있는 추세로, 현지언어로의 교체가 이루어지고 있다.

특수한 경우로는, 일본에 의한 식민지교육정책의 영향으로, 한반도, 대만, 중국북동지역의 노년층에는 일본어를 이해하는 사람들이 존재한다.

근래에 들어서는 일본의 경제력이 성장함에 따라 미국이나 호주, 아시아 각 국에 있어서 일본과 일본어에 대한 관심이 높아지고 있어, 외국어로서 일본어를 공부하는 학습자들이 증가하고 있다.

일반적으로 일본어를 배운다고 하는 것은, 일본어에 있어서의 공통어, 즉 표준적인 일본어를 학습하는 것을 말한다. 공통어란, 본래 언어가 달라 서로 의사소통이 되지 않을 때 사용되는 제3의 언어를 말한다. 중국어에 있어서의「普通話」, 세계 각 국의 언어에 있어서의 영어 등이 이러한 예이다.

일본어에 있어서의 공통어는,「국내의 넓은 지역에서 공통으로 이해되는 방언 이외의 언어」라는 뜻으로 사용되는 것이 일반적이다.

「방언」과 대립되는 개념으로는「표준어」가 있어, 일본의 경우에도 과거에는 표준어라는 용어를 사용했으나, 근래에 와서는 표준어보다는 「공통어」라는 용어가 일반적으로 사용되고 있다.

일본어에 있어서 표준어와 공통어는 서로 다른 개념이다. 표준어란, 이상적이고 올바른 말로, 인위적인 선택을 거쳐서 정해져야 하는 것이며, 현실적으로는 존재하지 않는다. 이에 비하여 공통어는 실제로 사용되는 말이며, 지역이나 사람에 따라 발음이나 문법, 어휘 등의 차이가 허용된다.

현재, 방송이나 학교교육, 회의, 강연 등의 공식적인 상황에서는 공통어가 사용되며, 동경 중앙부(山手)의 중류가정에서 사용되는 말(東京語)을 공통어의 기준으로 삼는다.

동경어란, 동경출신자가 일상적으로 사용하는 언어를 말한다. 넓게는 타지방출신자를 포함하여, 동경에서 사용되는 말, 좁게는 공통어의 기준이 되는 동경중앙부의 말만을 가리키기도 한다.

특정한 지역의 사람들이 태어나서부터 익히고 일상생활에서 사용하는 말이라는 점에서, 동경어도 역시 일본어의 방언중의 하나이다. 이러한 의미에서 동경어는「동경방언」이라고도 일컬어진다.

동경어는 지역에 따라「下町(したまち)」와「山手(やまのて)」로 다시 나뉘어진다. 下町의 동경어는 에도시대의 일반서민(町人)들이 사용하던 말이 그 뿌리로, ヒ/シ/シュ를 모두 シ로 발음한다던가, 형용사 어미의 アイ와 オイ를 エー로 축약하여 발음하는 등의 특징이 있다. 이에 비하여 山手의 동경어는 무사나 상류층의 서민들이 사용하던 말이 원류로, 발음의 변형이 적고 경어가 발달해 있어, 현재의 공통어는 동경어 중에서도 山手의 말을 그 기준으로 하고 있다. 하지만, 최근에 와서는 두 지역 간의 차이도 점차적으로 적어지고 있다.

일반적으로 동경어는 다른 지방의 방언과는 다른 취급을 받는다. 이는 동경의 山手지역언어가 공통어의 기반이 되고있기 때문이며, 문장어에 가깝기 때문에 말하는 그대로 써도 문장으로서 통용이 된다는 점에서 다른 방언과는 차이가 있다. 하지만 실제로 사용되는 일상언어로서의 동경어는, 문장어로서의 공통어나 표준어와 같지는 않다. 예를 들어 속어나 단축형 등은 공통어나 표준어라고는 보기 어렵다.

동경어는 대도시의 언어라는 특징을 지니고 있어, 직업이나 사회계층간의 차이가 있으며, 다른 방언으로부터의 영향을 받는 경우도 볼 수가 있다.

동경어는 일반적으로, 세련된 말, 명확한 말이라 일컬어지나, 딱딱하고 사무적이라는 평가도 있다. 동경어는 공통어와 가까울 뿐 아니라, 대도시 시민의 상징이기도 하여, 동경사람은 다른 지방에 이주를 하더라도 동경어를 계속 사용하는 반면, 동경에 이주해 온 타지방 사람들의 대부분은, 방언을 버리고 동경어를 사용하려 한다.

동경의 인구는 계속 증가하는 추세에 있으며, 타지역으로부터 동경으로 출퇴근하는 인구까지 감안한다면, 동경어사용자의 지역적인 범위는 계속 확대되고 있다. 또 방송매체나 교육 등의 영향에 힘입어 공통어인 동경어는 일본전국에 영향을 끼치고 있다. 이처럼 동경어는 일본어의 여러 방언 중에서도 가장 세력이 큰 방언이다.

2. 일본어의 표기

일본어의 표기에는 표음문자(表音文字)와 표의문자(表意文字)가 함께 사용된다. 표음문자로는 가나문자 즉 히라가나와 가타카나가 있으나, 일반적으로는 히라가나가 많이 사용되며, 가타카나는 주로 외래어나 의성어, 의태어의 표기에 사용되고 있다. 표의문자로는 한자가 사용되고 있다.

히라가나와 가타카나는 대부분의 경우 음소체계와 일치하지만, 현대일본어에 있어서 같은 음을 나타내는「じ」와「ぢ」,「ず」와「づ」의 사용구분이, 어원이 분명한 경우와 같은 음이 연속되는 경우에 한하여 요구된다. 예를 들어「鼻血(코피)」는「はなじ」가 아니라「はなぢ」,「続く」는「つずく」가 아니라「つづく」로 표기된다. 한자와 가나문자를 섞어서 쓸 경우, 한자의 뒤에 오는 가나문자의 표기에도 애매한 부분(예를 들어「おこなう」의 경우,「行なう」「行う」의 두 가지 표기가 가능하다)이 많아 문제가 될 경우도 있다. 자세한 내용은 부록의「現代仮名遣い」를 참조하기 바란다.

일본어의 로마자(알파벳)표기에는 훈령식(訓令式)과 표준식(標準式)이 있어, 훈령식은 음소체계와 거의 일치하지만, 발음(撥音)「ん」은 모두 [n]으로 나타내며, 촉음(促音)「っ」는 앞에 오는 자음을 연속표기하여 나타낸다(예를 들어, 心配 [sinpai]/復活 [hukkatu]).

표준식은 영어의 철자법에 가까워「シ」를 [shi],「チ」를 [chi],

「ツ」를 [tsu],「ジ」를 [ji],「フ」를 [fu]로 표기한다. 따라서「復活」은[fukkatsu]로 표기 된다.「ん」은, 心配[shimpai]와 같이, 실제의 발음에 준하여 표기된다.

(1) 가나(仮名)문자

일본어의 문자인 가나문자는 한자의 일부를 생략하거나 일부를 떼어내서 만든 문자인 가타카나와, 한자를 극도로 초서화하여 만든 문자인 히라가나의 두 종류로 나뉘어진다.

역사적으로는, 한자의 음만을 따서 일본어를 표기했던 망요가나(万葉仮名)라는 표기법도 존재하였다.

일본은 고유의 문자가 없었기 때문에, 중국대륙으로부터 건너온 한자가 최초의 문자가 되었다. 따라서 한자를 마나(真名, 진정한 문자라는 의미)라고 부르고, 한자를 생략하거나 초서화하여 만들어 낸 간략한 문자를 가나(仮名, 거짓의, 임시적인 문자라는 의미)라고 불렀다.

① 오십음도(五十音図)

세로로 배열된 가나문자 다섯 글자를 하나의 행(行)으로 하고, 가로로 배열된 열 개의 문자를 단(段)으로 하는 표를「오십음도」라고 한다.

비어있는 칸은, 현대의 일본어에서는 사용되지 않는 문자들이며,「ん」은 표에서 제외되어 있으므로, 실제로는 46자이다.

あ ア	か カ	さ サ	た タ	な ナ	は ハ	ま マ	や ヤ	ら ラ	わ ワ
い イ	き キ	し シ	ち チ	に ニ	ひ ヒ	み ミ		り リ	
う ウ	く ク	す ス	つ ツ	ぬ ヌ	ふ フ	む ム	ゆ ユ	る ル	
え エ	け ケ	せ セ	て テ	ね ネ	へ ヘ	め メ		れ レ	
お オ	こ コ	そ ソ	と ト	の ノ	ほ ホ	も モ	よ ヨ	ろ ロ	を ヲ

오십음도는 열 개의 行(ぎょう)과 다섯 개의 段(だん)으로 이루어져 있으며, 각각의 행과 단은 그 첫머리의 문자로 나타낸다. 예를 들어 あ行은「あ·い·う·え·お」의 다섯 글자이며, あ段은「あ·か·さ·た·な·は·ま·や·ら·わ」의 열 글자를 말한다.

오십음도 전체를 읽어나갈 경우에는 あ行을 우선하고 이어서 か行, さ行, た行의 순서로 (あいうえお·かきくけこ·さしすせそ·たちつてと·なにぬねの·はひふへほ·まみむめも·やゆよ·らりるれろ·わを·ん)음을 읽어간다. 이를「오십음순(五十音順)」이라 한다.

일본의 국어사전이나 우리나라에서 판매되고 있는 일본어사전은 모두 이「오십음순」에 의거하여 단어를 배열하고 있기 때문에(마치 우리의 국어사전이 가나다순으로 배열되어있듯이), 오십음도의 行과 段의 순서암기는 일본어 학습자에게 있어서는 필수적이다.

② 탁음(濁音)

が ガ	ざ ザ	だ ダ	ば バ
ぎ ギ	じ ジ	ぢ ヂ	び ビ
ぐ ク	ず ズ	づ ヅ	ぶ ブ
げ ゲ	ぜ ゼ	で デ	べ ベ
ご ゴ	ぞ ゾ	ど ド	ぼ ボ

か행, さ행, た행, は행의 20개 음은 각각 탁음을 가지고 있어, 표기에 있어서는 が・ざ・だ・ば와 같이, 글자의 오른쪽 어깨에 두 개의 점(이를 「濁点」이라 한다)을 찍어 탁한 소리임을 나타낸다.

탁음은 청음에 대립되는 말로, 유성음, 즉 성대의 떨림을 동반하는 음성을 말한다.

우리말에 있어서 무성음과 유성음의 구별([k]/[g], [t]/[d], [p]/[b]의 구별)은 그다지 중요하지 않으나, 일본어의 경우, 이러한 구별은 단어의 의미를 달라지게 하는 특징(변별적인 특징)이므로, 기초단계에서의 발음연습을 통한 구별이 중요하다.

③ 반탁음(半濁音)

は행의 5개 음은, 탁음 외에도, 각각 반탁음을 가지고 있어, 표기에 있어서는 ぱ・パ와 같이, 글자의 오른쪽 어깨에 작은 동그

라미(이를 「半濁点」이라 한다)를 찍어 나타낸다.

ぱ	パ
ぴ	ピ
ぷ	プ
ぺ	ペ
ぽ	ポ

は [ha]	ば [ba]	ぱ [pa]
ひ [hi]	び [bi]	ぴ [pi]
ふ [hu]	ぶ [bu]	ぷ [pu]
へ [he]	べ [be]	ぺ [pe]
ほ [ho]	ぼ [bo]	ぽ [po]

반탁음은 문자 그대로 청음과 탁음의 중간에 해당하는 발음으로, 우리말에 있어서 어두(語頭)에 오는 「바/비/부/베/보」와 비슷한 발음이다.

④ 요음(拗音)

きゃ	キャ	しゃ	シャ	ちゃ	チャ	にゃ	ニャ	ひゃ	ヒャ	みゃ	ミャ	りゃ	リャ
きゅ	キュ	しゅ	シュ	ちゅ	チュ	にゅ	ニュ	ひゅ	ヒュ	みゅ	ミュ	りゅ	リュ
きょ	キョ	しょ	ショ	ちょ	チョ	にょ	ニョ	ひょ	ヒョ	みょ	ミョ	りょ	リョ

표에서 보는 바와 같이, い단음 중의 き・し・ち・に・ひ・み・り는 우측 아랫부분에 や・ゆ・よ가 붙어 요음(拗音)이 된다.

요음의 발음은, 표기되어있는 두 개의 음절을 한 음절로 축약하여 읽으며, 발음의 길이에 있어서도 한 음절에 해당된다.

⑤ 발음(撥音)

발음이란「ん」을 말하는 것으로, 주위의 환경에 따라 실제의 발음으로는 [m] [n] [ŋ] [N]의 네 가지가 있으나, 일본인들은 일반적으로 이를 구별하지 않는다.

[m]	ま·ば·ぱ행의 음이 이어질 때	てんぷら·けんぺい·かんぱい
[n]	さ·た·な·ら행의 음이 이어질때	てんさい·ばんざい·しんだい はんたい·あんない·しんらい
[ŋ]	か·あ·は·や행의 음이 이어질때	おんがく·れんあい·しんや
[N]	단어의 끝에 올 때	おかあさん·ふじさん

실제로 한국어의「밤」「반」「방」은 일본인들(엄밀히는, 일본어를 母語로 하는 사람들)의 귀에는 모두「ぱん」으로 들려, 구별을 하지 못한다.

한국인학습자의 경우, [m] [n] [ŋ]의 발음구별은, 의식적으로 노력하지 않아도 자연스럽게 구별이 되지만, [n]과 [ŋ]의 중간발음인 [N]의 경우, 훈련을 쌓지 않으면 자연스러운 발음을 낼 수 없다.

「ん」의 발음에 있어서 주의할 것은, 일본어의 경우,「ん」은 한 음절 길이로 발음을 해야한다는 것이다. 앞서 예로 든 한국어

의「밤」「반」「방」은 모두 한 음절로,「바」를 발음할 경우와
「밤」「반」「방」을 발음할 경우가 모두 한 박자로 길이가 같
다. 하지만, 일본어의 경우「ぱ」와「ぱん」은, 각각 1음절과 2음
절로, 그 길이가 다르다.

⑥ 촉음(促音)

촉음이란,「つ」를 작게 쓴「っ」의 발음을 말하며, 촉음
「っ」역시 실제 발음에 있어서는 [p] [t] [k]의 세 가지가 있
으나, 일본인들은 일반적으로 이를 구별하지 않는다. 한국어의
「밥」「밭」「박」은 일본인의 귀에는 모두「ぱっ」으로 들
려, 구별되지 않는다.

[p]	ぱ행의 음이 이어질 때	いっぱい・むてっぽう
[t]	さ・た행의 음이 이어질때	あっさり・ぴったり
[k]	か행의 음이 이어질때	めっき・とっくり

「ん」의 경우와 마찬가지로, 한국인학습자의 경우, [p] [t] [k]
의 발음구별은, 의식적으로 노력하지 않아도 자연스럽게 구별이
된다.

촉음「っ」의 발음에 있어서도 역시 주의할 것은, 촉음「っ」
가 크기는 작지만 한 음절 길이로 발음을 해야한다는 것이다. 앞

서 예로 든 한국어의 「밥」「밭」「박」은 모두 한 음절로, [바]를 발음할 경우와 「밥」「밭」「박」을 발음할 경우가 모두 한 박자로 길이가 같다. 하지만, 일본어의 경우 「ぱ」와 「ぱっ」은, 각각 1음절과 2음절로, 그 길이가 다르다.

⑦ 이로하우타(いろは歌)

いろは にほへど ちりぬるを
꽃은 향기롭지만 지고 마는 것을
わがよ だれぞ つねならむ
이 세상 그 무엇이 영원하리
うゐの おくやま けふこえて
有爲의 深山을 이제 벗어나
あさき ゆめみし ゑひもせず
부질없는 꿈에 취하지 않으리

이러한 7·5조, 4구의 시를 이로하우타(いろは歌)라 한다. 일본어의 가나문자 전체를 중복 없이 사용하여 불교의 가르침을 내용으로 하는 시로 만든 것이다.

이로하우타는 일본인들에게 문자습득을 위한 교본과도 같은 것으로, 우리말에서 「가 나 다」나 「ㄱ ㄴ ㄷ」이 항목배열에 있어서 순서를 나타내는 기호가 되듯이, 일본어에 있어서는 이로하우타가 이러한 역할을 한다.

또 문자학습의 최초단계에 등장한다는 점에서, 특정한 분야의 초보단계를 「이로하」라고 칭하는 관습(건축의 이로하, 인간관계의 이로하 등)도 볼 수 있다.

(2) 한자

① 고대한자

중국에서 한자가 만들어진 것은, 6000년 전이라고 일컬어지나, 당시의 한자는 그림으로서의 요소가 강하여, 문자라고 보기에는 무리가 있다.

확실한 문자로는 약 3300년 전에 등장한 갑골문자(甲骨文字)가 있어, 이는 거북이의 등껍질(甲)이나, 짐승의 뼈(骨)를 이용하여 점을 치고, 그 결과를 점술에 사용한 거북이의 등껍질이나 짐승의 뼈에 새겨 넣었다고 하여 붙여진 이름으로, 정식으로는 귀갑수골문자(龜甲獸骨文字)라 불린다. 갑골문자는 귀갑수골문자를 생략한 용어이다.

이보다 좀 늦게 청동기에 문자를 새겨 넣는 방법도 등장하여, 약 3100년 전의 주왕조시대부터는 널리 행해지고 있었다. 이 시대에는 구리(銅)를 금(金)이라 하였기에, 이러한 문자는 금문(金文)이라 불린다.

② 한자의 통일

주왕조의 패망 이후, 중국 각지에서는 여러 가지 문자가 사용되었으나, 지금으로부터 약 2200년 전, 중국을 통일한 진(秦)은 문자를 하나로 통일하였다. 소전(小篆) 또는 전서(篆書)라 불리는 이 문자체는 현재에 와서도 단체의 직인(職印)이나 졸업장, 표창장 등에 사용되고 있다.

전서는 읽고 쓰기 쉽게 하기 위하여 만들어진 것이지만, 여전히 문자를 주로 사용하는 하급관리들에게는 불편한 것이었다. 이러한 전서를 보다 빠르고 쉽게 쓸 수 있도록 개량한 것이 예서(隸書)이다. 예서를 갈겨 쓴 서체를 초예(草隸)라 하여, 이는 후에 등장하는 초서(草書)로 이어지는 중간 단계적인 서체이다.

예서를 직선화하여 보다 쓰기 쉽도록 만든 것이, 현재 가장 일반적으로 사용되고 있는 해서(楷書)이다.

③ 현재의 한자

11세기경, 송나라가 들어서자 인쇄기술이 진보하여 해서체로부터 송조체(宋朝体), 송체(宋体)가 발생하게 되고, 송조체로부터 인쇄서체로서는 가장 일반적인 명조체(明朝体)가 나타나게 된다.

현대에 와서는 새로운 서체가 앞다투어 등장하여, 컴퓨터용으로도 독자적인 서체가 개발되고 있다.

④ 한자의 구조

지금으로부터 약 1900년 전 허신(許慎)이라는 사람이 쓴 것으로 알려져 있는『설문해자(説文解字)』라는 책에는, 한자의 구조를 여섯 종류로 나누어 해설하고 있다.

글자의 성립과정을 설명한, 상형(象形), 지사(指事), 회의(会意), 형성(形声)의 네 가지와, 한자의 사용법에 따른 분류인 전주(転注), 가차(仮借)의 두 가지를 합친 여섯 가지로의 분류로, 육서(六書)라고 불린다.

상형문자(象形文字)

상형문자는, 물체의 형태를 본뜬 간단한 그림을 바탕으로 하여 만들어진 문자로, 걸어가는 사람의 모습을 본뜬「人」이나, 앉아 있는 여인의 모습을 본뜬「女」, 산의 형태를 바탕으로 한「山」등이 이에 속한다. 이밖에도「川」「車」「馬」「魚」등의 한자도 상형문자에 속하는 글자들이다.

지사문자(指事文字)

지사문자는, 물체의 형태가 없어 그림으로 나타낼 수 없는 추상적인 대상을 점이나 선으로 나타낸 것과, 상형문자에 특정한 표식을 더한 것의 두 가지가 있다. 전자의 예로는 숫자의「一」「二」「三」이나, 방향이니 위치를 나타내는「上」「下」등을 들 수가 있으며, 후자의 예로는, 상형문자인「木」의 아랫부분에 한 획을 더한「本」(나무의 아랫부분, 즉「근본」「뿌리」의 의미)과, 윗부분에 한 획을 더한「末」(나무의 끝 부분, 즉「끝」「마지막」의 의미)등이 있다.

회의문자(会意文字)

회의(会意)란「뜻(意)을 모은다(会)」는 의미로, 회의문자는, 두 개 이상의 문자를 조합하여 새로운 형태의 문자를 만드는 방법으로 새로운 의미를 나타내게 한 문자로「木」을 두 개 모아 만든「林」이나 세 개의「木」으로 이루어진「森」,「새」를 나타내는「鳥」와「입」을 나타내는「口」가 합쳐져서「새의 울음」을 나타내는「鳴」등이 있다.

회의문자는 단순히 문자의 성립과정이라는 면 외에, 문자가 만들어진 당시의 중국대륙의 가치관이나 세계관을 엿볼 수 있다는 점에서 또 다른 흥미를 갖게 한다.

「좋다」는 뜻을 나타내는「好」라는 한자는 아이(「子」)를 안고있는 여인(「女」)의 모습이 보기에 좋다고 생각했던 당시의 중국인들의 사고방식을 대변하고 있다.

형성문자(形声文字)

형성문자는, 이미 만들어져 있는 문자의, 의미를 나타내는 부분과, 음을 나타내는 부분을 결합하여 만들어진 문자로,「材」「池」「悲」등이 여기에 속한다.

전주문자(転注文字)

전주(転注)란, 본래의 의미(注)가 다른 의미로 바뀌게(転) 된 것을 말하는 것으로, 「楽」은 「음악」이라는 의미에서, 음악이 사람을 즐겁게 하여 준다는 의미에서 「즐겁다」는 의미가 새롭게 추가된 경우이다.

가차문자(仮借文字)

가차(仮借)란, 「임시로 빌려온다」는 뜻으로, 가차문자는, 본래의 의미와는 상관없이 한자의 음만을 빌려와 같은 음의 다른 말을 나타내기 위해 사용하는 문자를 말한다. 본래 「보리」라는 의미로 사용되고 있었던 「来」는, 「라이」라는 음이 「오다」와 같아, 「오다」의 의미로 사용되고 있다.

문자가 없던 신라시대에 우리말을 표기하기 위하여 한자음을 빌어 썼던 이두(吏読)나 향찰(郷札)은, 음만을 빌려와 사용했다는 점에서, 가차문자의 한 종류이며, 앞서 설명한 일본어의 가나문자 역시 그 출발점은 중국한자의 음을 빌어 일본어를 표기했던 망요가나(万葉仮名)이다.

⑤ 일본한자

일반적으로, 한자는 중국에서 만들어진 문자를 말하지만, 일본어에서 사용되고있는 한자에는, 중국의 한자를 본떠서 일본인들이 만들어 사용하는 한자가 있다.

중국의 한자와 구분하여, 이를 화제한자(和製漢字) 또는 국자(国字)라고 부른다. 「辻」「凧」「峠」 등이 그 예로, 「辻」(つじ)는 「네거리」나 「교차로」를 뜻하며, 「凧」(たこ)는 「연」을, 「峠」(とうげ)는 「고개」를 각각 나타낸다.

일본어의 경우, 한자는 음으로도 뜻으로도 읽히는 것이 일반적이나, 화제한자의 경우는 대부분이 뜻으로만 읽히며, 음으로는 읽히지 않는다. 앞서 예로 든 「辻」「凧」「峠」의 경우도 역시 「つじ」「たこ」「どうげ」라는 훈독만이 가능하다. 「일하다」라는 의미를 나타내는 「働」는 예외적으로 음독(どう)과 훈독(はたらく) 모두를 할 수 있다.

우리말에서 사용되고 있는 한자에도 이러한 예가 없지 않아, 이름에 주로 사용되는 돌(「乭」)이라는 한자는, 「石」이 가지는 의미와 「乙」이 가진 형태적인 (받침 「ㄹ」과의) 유사성을 근거로 만들어 낸 「한국제 한자」이다.

한 자 음

개개의 한자가 나타내는 음을 한자음(漢字音), 또는 자음(字音)이라고 한다. 중국어 이외의 언어에서는 중국어의 한자음을 그 한자와 함께 빌려와 자기 식의 발음으로 변형시킨 음을 말한다.

발음의 변형은, 변형주체의 언어가 지닌 언어의 음운체계와 음절구조가 허용하는 범위에서 이루어진다. 같은 한자를 사용하면서도 한국어와 일본어의 한자음이 서로 다른 것은 한국어와 일본어의 음운체계와 음절구조가 서로 다르기 때문이다.

예를 들어「雪」이라는 한자를 한국어에서는「설」이라고 발음하지만, 일본어에서의 발음은「せつ」이다. 중국어 본래의 발음과의 차이라는 관점은 생략해 두고,「설」과「せつ」라는 두 개의 음만을 놓고 본다면, 일본인들이「雪」을「설」이라고 발음하지 않는 이유로는, 우선 일본어의 모음체계에「어」가 없어, 유사한 음인「에」를 대응시킬 수밖에 없었다는 점과, 종자음이 다양하지 못한 일본어의 음절구조는, 종자음「ㄹ」을「つ」로 처리할 수밖에 없었을 것이다.

실제로 한국어에서 종자음이「ㄹ」로 발음되는 한자어는, 일본어에서는 대부분이「つ」또는「ち」로 발음된다.

한자음은, 한자라는 문자와 쌍을 이루고 있다는 점에서, 단순한 외래어와는 다르다. 표기수단으로 한자를 사용하고 있는 언어에 있어서의 한자어는, 상호간에 일정한 규칙성을 찾아볼 수가 있으며, 그 뿌리에는 한자의 본래의 발음인 중국어발음이 있다. 예로 들기에는 적합하지 않으나, 이는 마치, 어머니가 다른 이복형제간에도, 외모나 행동에서 유전적인 유사성을 찾아볼 수 있다는 사실과도 비유할 수 있다.

일본어의 한자읽기

앞서 언급하였듯이, 일본어에서는 한자를 소리(音)와 뜻(訓)의 두 가지로 읽는다(전자를 「音読」, 후자를 「訓読」라 한다). 우리말로 비유를 하자면, 「天」을 「천」으로도 읽고 「하늘」이라고도 읽는 식이다.

우리말에 있어서는 하나의 한자는 하나의 음으로 읽는 것이 일반적이나(예외적으로 「車」「北」「殺」「金」등의 한자는 경우에 따라 각각 「차/거」「북/배」「살/쇄」「금/김」의 두 가지의 음으로 읽힌다), 일본어 한자의 경우, 하나의 한자가 복수의 음으로 읽히는 경우가 적지 않으며, 훈으로 읽을 경우에도, 하나의 한자가 여러 개의 훈으로 읽히는 경우가 많다. 예를 들어 「家」의 경우, 음으로는 「か」와 「け」의 두 가지가, 훈으로는 「いえ」「うち」「や」의 세 가지가 일상적으로 사용된다.

한자 중에는 음독만으로 읽히는 글자와, 이와는 반대로 훈독만으로 읽히는 글자가 있다. 「院」「胃」「菊」등의 한자는 음으로만 읽을 수 있으며, 「皿(さら・접시)」「甥(おい・남자조카)」「姪(めい・여자조카)」등은 훈으로만 읽혀진다.

한편, 일본어의 한자음에는 크게 나누어 오음(呉音・ごおん), 한음(漢音・かんおん), 당음(唐音・とうおん)의 세 종류가 있어, 서로 다른 체계를 나타내고 있다. 예를 들어 「明」은, 오음으로는 [みょう], 한음으로는 [めい], 당음으로는 [みん]이며, 「公」의 경우, 각각 [く] [こう] [くん]으로 발음한다.

오음은, 가장 먼저부터 서서히 차용이 진행되어온 음으로, 「呉」라는 명칭에서도 알 수 있듯이, 중국 남부지역의 방언을 들여온 것이라는 설도 있어, 한음에서 볼 수 있는 중국어와의 규칙적인 대응관계는 상대적으로 약하다.

이에 비하여 한음은, 나라시대 말기에서 헤이안시대에 걸쳐서, 유학승 등에 의해 중앙(長安)의 한자음이 도입되어, 중국어의 자음과 규칙적인 대응관계를 나타내고 있다. 이전까지의 오음에 대해 정음(正音)이라고 불릴 정도로 오음에 비해 그 영향력이 컸다.

당음은 일본의 중세에 선승(禅僧)이 송대(宋代)의 중국어를 배웠던 것과, 에도시대의 선승에 의해 도입된 것 등이 있으나, 한자음으로 정착된 것은 한음이나 오음에 비해 그 수가 적다.

한음의 도입에 의해 종래의 오음어휘는 점차적으로 한음으로 교체되었으나, 불교관계의 용어는 헤이안시대 이후에도 계속 남아, 그대로 현대에 이른 한자음도 적지 않다. 経(きょう), 供(く)養, 勤行(ごんぎょう), 精(しょう)進, 平(びょう)等, 智恵(え) 등은 현대일본어에서 볼 수 있는 오음이다. 摂政(しょう), 宮内(クナイ), 文(モン)部省과 같은 관직이나 관청의 이름도 나라시대 이전부터 사용되어온 오음어휘이다.

평안시대 이후 점차적으로 이전의 오음어휘는 한음화하였다. 그 예로는 男女(なんにょ→だんじょ), 父母 (ぶも→ふぼ) 등이 있으며, 개중에는 霊験(りょうげん→れいけん), 奇特(きどく→きとく), 永劫(ようごう→えいごう)와 같은, 불교관계의 용어도 있다.

이밖에, 오음과 한음이 공존하고 있는 경우로는, 利益(りやく・りえき), 変化(へんげ・へんか), 経典(きょうでん・けいてん), 礼拝(らいはい・れいはい)와 같이, 불교관계와 그 외의 경우가 구별되는 경우도 있지만, 人間 (にんげん・じんかん), 千万 (せんまん・せんばん)의 경우와 같이, 특별한 구별이 없는 경우도 있다.

당음은, 提灯(ちょうちん), 行脚(あんぎゃ), 看経(かんきん)과 같이 특정한 어휘와 결합된 형태로 사용되는 것이 일반적이다.
예를 들어「行」을 [あん]이라고 읽는 것은, 行灯(あんどん), 行脚(あんぎゃ), 行宮(あんぐう), 行在(あんざい)뿐이며,「提」를 [ちょう]라고 읽는 것은 提灯(ちょうちん)의 경우에 한정된다.

우리말과 일본어의 한자음

일본어학습자들에게 일본어학습에 있어서의 어려움을 물어보면, 한자라고 답하는 경우가 적지 않다. 이러한 경향은 학습자의 연령층이 낮아질수록 두드러져, 한자교육에 대한 비중의 변화가 하나의 요인으로 작용하고 있다는 부분도 부정할 수 없다.

학습자들이 말하는 일본어한자의 어려움이란 대략 두 가지로 나눌 수가 있어, 그 첫 번째가 한자 그 자체에 대한 이질감으로, 획수가 많고 복잡한 한자를 경원시하는 경향이다. 다음으로는, 일본어에 있어서의 한자의 용법에 관한 어려움으로, 앞서 언급한 음독과 훈독의 병행과 각각의 다양성을 들 수가 있으며, 한자음에 있어서의 양국 간의 차이 또한 장애가 되고있다.

일본어한자학습에 있어서의 이와 같은 장애들은, 결과적으로는 학습자 스스로의 반복학습에 의한 습득을 기대하는 부분이 많으나, 한자음의 경우, 앞에서도 언급하였듯이, 우리말과 일본어의 한자음은 중국의 시대와 경로는 다를지라도 중국어의 한자음을 근거로 하고있다는 공통점을 가지고 있으므로, 양자간에는 적지 않은 대응관계를 찾아 볼 수가 있다.

> 중국어한자음+한국어 음운체계= 한국어 한자음
> 중국어한자음+일본어 음운체계= 일본어 한자음

 이는 마치 물이 고온에서는 기체화되어 증기로 변하고, 저온에서는 고체화되어 얼음이 되지만, H_2O라는 기본적인 성격은 유지된다는 현상과도 같아, 증기와 얼음이라는 외형적인 차이에서 고온과 저온이라는 요소를 제거하면, 액체의 물을 얻을 수 있는 것과 같이, 한국어와 일본어의 음운체계의 차이라는 변화요인을 이해하면 한자음에 있어서의 양국 간의 차이도 어느 정도까지는 대응관계를 파악할 수가 있다.

 중급 이상의 일본어 학습자가 처음으로 접하는 한자어일지라도 우리말의 음독이 가능하면 일본어로도 무리 없이 읽어내는 것은, 개별적인 한자음에 대한 지식의 축적에 의한 부분과 더불어, 이러한 양국 간의 한자음 대응관계를 자신도 모르는 사이에 파악하고 있기 때문이기도 하다.

 한국어와 일본어의 한자음에 있어서의 대응관계에 관하여는 학자들에 의한 연구가 이미 존재하지만, 일본어 학습이라는 측면에서는 개개인이 한자음의 학습을 통하여 체득해 나가는 것이 더욱 효율적이라는 생각에서 구체적인 언급은 생략하기로 한다. 단지, 그 방법론적인 부분을 소개한다는 의미에서, 앞서 언급한 종자음「ㄹ」의 예를 소개한다.

 우리말의 한자어에 있어서의 종자음(받침)「ㄹ」은 일본어에서는「ち」혹은「つ」에 대응한다. 가까운 예로, 한숫자의 일에서 십까지를 생각해 보면, 열 개의 한자어 중에「ㄹ」을 받침으로 하는 것은「일」「칠」「팔」의 세 개로, 이들의 일본어발음은 각각 「いち」「しち」「はち」로, 한국어의 종자음「ㄹ」이 모두 일본어의「ち」에 대응하고 있음을 알 수가 있다. 이 밖에도 한자어 선택의 인위성을 배제하기 위하여, 모음「ㅏ」와 종자음「ㄹ」을 가질 수 있는 한자어를 음절별로 제시하여, 그에 대응하는 일본어를 제시해 보면,

갈	날	달	랄	말	발	살	알	잘	찰	칼	탈	팔	할
葛	Ø	達	剌	末	発	殺	斡	Ø	察	Ø	脱	八	割
かつ		たつ	らつ	まつ	はつ	さつ	あつ		さつ		だつ	はち	かつ

표에서 보는 바와 같이, 모든 경우에 종자음「ㄹ」이 일본어에 있어서는「ち」혹은「つ」에 대응하고 있다.

⑥ 구독점(句読点)과 띄어쓰기

문자는 아니지만, 일본어의 표기에 있어서 우리말과 다른 점은, 쉼표와 마침표의 모양을 들 수가 있다. 또한, 물음표나 느낌표 등의 문장부호도 사용하지 않는 것이 일반적이다.

> 당신은 학생이고, 나는 선생입니다.
> あなたは学生で、私は先生です。

이 밖에도 일본어에는 띄어쓰기가 없어, 초등학교 저학년용의 교과서나, 일본어교육용 학습교재 등의 특수한 경우를 제외하면, 문절과 문절간을 붙여서 쓰는 것이 일반적이다.

3. 일본어의 발음

(1) 모음(母音)

　모음은, 말 그대로, 발음의 기본을 이루는 음으로, 자음과는 달리, 폐의 수축으로 인하여 발생된 공기의 흐름이 성대를 울리고 난 후에 아무런 장애도 없이 입 밖으로 배출되면서 발생하는 소리이다.

　자음은, 혀나 치아 등에 의한 공기의 파열(破裂), 마찰(摩擦), 파찰(破擦) 등에 의해 발생하는 소리라는 점에서 모음과 구별된다.

　공기의 흐름에 일정한 장애를 부여하는 자음과는 달리, 모음은 입의 모양과 혀의 위치에 의해 변화가 발생하므로, 자음에 비해 상대적으로 발성시간이 길다.

　피리를 예로 들어 설명하면, 모음은 피리를 통과하는 기체에 의한 공기의 진동 그 자체이며, 자음은 피리의 구멍을 막거나 여는 손가락의 움직임에 의한 높낮이의 변화라고 할 수가 있다.

　공통어에 있어서의 일본어의 모음은「あ/い/う/え/お」의 다섯 개로, 이를 5모음체계라 한다. 이에 비하여 우리말은,「어/으」가 추가된 7모음체계이다. 표기상으로는「아/이/우/에/애/오/어/으」의 여덟 개의 모음이 관찰되지만, 발음상으로는「에/애」의 구별을 거의 찾아볼 수 없어, 사실상으로는 7모음체계로 보는 것이 타당하다.

실제로 우리들의 일상 언어에서, 앞뒤의 문맥이나 발화자의 주변상황을 일체 배제한 상태에서, 바다의「게」와 멍멍 짖는「개」를, 발음만으로 구별하기란 불가능에 가깝다. 은행이나 관공서에서 이름을 받아 적을 경우, 흔히 들을 수 있는「안[제]입니까, 바깥[제]입니까?」라는 질문은, 한국어의 음운체계에 있어서 「에/애」의 음성적인 구분이 불가능함을 나타내는 단적인 증거이다.

한국어의 모음이 일본어의 그것보다 양적으로 다양하다는 것은, 한국인 학습자가 일본어를 학습할 경우에 이점으로 작용한다. 반대로, 일본인이 한국어를 학습할 경우, 일본어에는 없는 한국어의 모음이 학습의 장애가 되고 만다. 일정한 발음교육을 받지 않은 일본인이「어머니」를「오모니」라고 발음하거나,「트럭」을「도락꾸」라고 발음하는 것은, 일본어의 모음체계에「어」나「으」가 존재하지 않기 때문이다. 이하, 일본어의 모음을, 우리말의 모음과의 비교를 통하여 설명하고자 한다.

① 「あ/い/え」와 「아/이/에」

일본어의 다섯 모음 중에서「あ/い/え」의 세 개는 우리말의「아/이/에」와 같다. 여기에서 같다고 하는 것은 인간의 청각능력에 의한 인식을 말하는 것으로, 엄밀히 분석을 하면, 차이점이 없지는 않으나, 의사소통에 있어서는 전혀 지장을 받지 않는 차이이므로, 한국인 학습자의 경우, 따로 발음을 연습할 필요가 없는 발음들이다.

② 「お」와 「오/어」

　일본어의 「お」는 우리말의 모음을 기준으로 설명하자면, 「오」와 「어」의 중간적인 발음이다. 조음방법으로 설명을 하면, 「오」를 발음할 때 보다 입술의 긴장을 풀고 발음을 하면, 일본어의 「お」에 가까운 발음이 된다. 듣기에 따라 우리말의 「오」로도 「어」로도 들리는 발음이 일본어의 「お」이다. 일본인들이 한국어의 「오」와 「어」를 모두 「お」로 인식하는 것도, 「お」가 두 모음의 중간 단계의 음이기 때문이다.

　시중에 나와있는 일본어학습관련서적의 대부분이 일본어의 「お」를 「오」에 대응하는 음으로 설명하고 있으나, 일본인들이 우리말의 「오」를 「お」로 인식한다는 점에서, 의사소통에는 지장이 없을 수도 있으나, 역시 미묘한 발음의 차이는 남게되어, 어색한 일본어를 면치 못하게 된다.

③ 「う」와 「우/으」

　일본어의 「う」역시 우리말에는 없는 발음으로, 우리말의 모음을 기준으로 삼아 설명을 하면, 「우」와 「으」의 중간지점에 위치하는 발음이다. 우리말의 「우」를 발음할 때, 입술은 작은 원을 그리며 앞으로 돌출하게 되는데, 이 상태에서 입술의 긴장을 풀어주면, 일본어의 「う」가 된다.

(2) 자음(子音)

앞서 말한 대로, 자음은 성대를 진동시키고 나온 호기(呼気)가 혀나 치아, 입술 등의 조음기관에 의하여 폐쇄나 마찰 등의 장애를 받음으로써 발생하는 음이다.

자음체계에 있어서도 우리말은 일본어보다 다양하여, 발음학습에 있어서 그다지 큰 어려움은 없으나, 한국어에는 없는 유성음과 무성음의 구별 즉 [g/k] [d/t] [b/p] [z/s]의 구별이 일본어에는 존재하여, 한국인학습자들에게는 반복훈련에 의한 차이점의 인식이 필요한 부분이다.

① 「が/だ/ば」와 「가/다/바」

우리말에도 [g] [d] [b]의 유성음이 존재하지 않는 것은 아니지만, 일반적으로 이러한 유성음은 일정한 조건 하에서 나타나는 발음으로, 평소에는 이러한 차이점을 인식하지 않고 있기 때문에 유성음만을 따로 떼어서 발음하기란 쉽지 않다.

[가구]를 천천히 이어서 발음해 보면, 「가」의 [ㄱ]과 「구」의 [ㄱ]이 서로 다른 발음이라는 사실을 알 수가 있다.

이 두 개의 [ㄱ]을 발음할 때의 입 속의 움직임을 유심히 관찰해 보면, 「가」의 [ㄱ]은 입천장의 안쪽부분과 혀의 뿌리부분에 의해 막혀있던, 폐로부터의 공기가 파열되면서 발생하는 소리이며,「구」의 [ㄱ]은 입천장의 안쪽부분과 혀의 뿌리부분에 의해 좁혀진 좁은 틈을, 폐로부터의 공기가 비집고 지나가면서 발생하는 소리로, 약간의 진동이 느껴진다.

발음기호로 나타내면,「가구」는 [kagu]로,「가」의 [ㄱ]은 무성음인 [k]이고「구」의 [ㄱ]은 유성음인 [g]이다.

마찬가지로「(장기나 바둑을)두다」에서의 두 번째 [ㄷ],「바보」에서의 두 번째 [ㅂ]은 각각 [d]와 [b]로 유성음이다.

이처럼 우리말에도 [g] [d] [b] 등의 유성음이 조건부로나마 존재하고 있어, 이를 이용하면, 유성음과 무성음의 차이를 보다 쉽게 이해할 수가 있다.

참고로, 우리말의「다」「타」「따」는 일본인들의 귀에는 모두 [た]로 인식이 된다. 일부 일본어학습서에서 채택하고 있는 [다]=[だ], [타/따]=[た]라는 식의 발음설명은, 우리말의 자음체계를 기준으로 일본어의 자음을 분류하려 한 것으로, 방법론적인 문제가 있다.

「다」「타」「따」의 차이는 각각 평음, 격음, 경음의 차이로, 우리말에 있어서는 이러한 차이가 의미의 차이에 영향을 주지만, 무성음과 유성음의 구별만을 변별적인 특징으로 인식하는 일본어에 있어서는, 우리말에서의 이러한 차이는 의미를 갖지 못한다. 실제로 일본인들은「달」「탈」「딸」의 차이를 인식하지 못한다.

② 「ざ/ぜ/ぞ」와 「자/제/조」

무성음과 유성음의 구별 중에서 한국인학습자에게 가장 익숙해지기 어려운 것은 바로 ざ행의 탁음, 그 중에서도 「ざ/ぜ/ぞ」일 것이다. 이 발음 역시 일부 학습서에는 [ざ=자] [ぜ=제] [ぞ=조]라는 우리말과의 대응으로 설명되어 있으나, 우리말의 「자」「제」「조」는 일본인의 귀에는 각각 「じゃ」「じぇ」「じょ」로 인식이 된다.

「ざ/ぜ/ぞ」는 우리말의 자음체계에는 없는 발음으로, 설명하자면 [ㅅ]과 [ㅈ]의 중간발음, 즉 [ㅅ]으로도 [ㅈ]으로도 들리는 발음으로(굳이 표기하자면, [ㅆ]),「자/제/조」의 자음이 각각 혀끝이 잇몸에 닿았다가 떨어지면서 발생하는 음인 반면,「ざ/ぜ/ぞ」는 혀끝이 잇몸에 닿지 않은 상태로 발음이 된다.

필자가 추천하는 방법으로는, 우선 [s]([스]가 아닌 자음만으로서의 [s]로, 혀끝과 잇몸사이로 바람이 새는 듯한 느낌의 소리)를 길게 늘여서 발음하다가, 도중에 성대를 떨게 하여 유성음인 [z]을 만드는 방법이다. 이렇게 만들어진 음성에 모음[a/e/o]를 각각 추가하여 발음하면,「ざ/ぜ/ぞ」가 된다.

(3) 액센트

우리말이 있어서는 일부 지역의 방언을 제외하고는 액센트현상을 볼 수 없으며, 액센트를 지닌 일부지역(경상도방언의 고저액센트 등)의 경우에도, 액센트의 차이가 의미의 차이와 연결되는 경우는 거의 찾아볼 수가 없다.

예를 들어, 경상도 방언에서의 「어제」는 단어의 첫음절인 「어」가 높게 발음되는 것이 일반적이나, 그렇지 않을 경우에도 「오늘의 다음날」이라는 의미에는 변화가 없어, 의미자체에 영향을 주지는 않는다.

일본어의 경우, 고저액센트가 사용되고 있으며, 이러한 액센트의 차이가 의미의 차이와도 연결되는 까닭에, 액센트의 구별이 중요한 의미를 지닌다. 예를 들어, 「あめ」라는 단어의 경우, 「비(雨)」라는 의미와 「엿, 사탕」이라는 의미를 동시에 지닌 동음이의어로, 첫음절을 「あ」를 높여서 발음하면 「비(雨)」가 되고, 두 번째 음절인 「め」를 높게 발음하면, 후자의 「엿, 사탕」이라는 의미가 된다.

일본어에도 역시 액센트를 가지지 않는 방언(북동부의 일부 지역)이 존재하지만, 공통어나 대부분의 지역에서는 액센트현상을 볼 수 있어, 이러한 구별은 일본어학습에 있어서는 필수적이라 할 수 있다.

일본인들이 즐겨하는 게임 중에, 피리나 피아노와 같은 악기로 언어표현의 높낮이만을 들려주고, 그 표현의 구체적인 내용을 맞추게 하는 놀이가 있어, 이는 일본어가 액센트의 고저에 의해 표현의 내용을 달리하는 언어이기 때문에야말로 가능한 것이다.

우리말에 액센트가 없는 관계로, 한국인 학습자의 일본어에서 흔히 볼 수 있는 책 읽기식의 일본어는, 설령 의사소통은 될지라도, 자연스러운 일본어라고는 볼 수가 없다. 발음의 경우, 학습초기단계에 반복연습을 통하여 몸에 익혀 두는 것이 바람직하다.

경상도출신의 일본어학습자가 일본어습득에 있어서 상대적으로 유리하다는 속설은, 경상도방언을 말하는 사람들이 일본어의 고저액센트에 대한 감각을 몸에 지니고 있기 때문에 일본어의 액센트의 인식에 있어서 타지역 사람들보다 상대적으로 유리한 입장에 있다는 이유에서 생겨난 것이리라.

4. 일본어의 어휘

(1) 일본어의 어종(語種)

어떤 언어든지 언어에는 그 언어에 원래부터 존재하는 고유어와 다른 언어와의 접촉에 의해서 유입된 차용어가 존재하기 마련이다.

일본어에도 원래부터 존재하였던 고유어인 화어(和語)와 차용어가 있어, 차용어는 다시 중국으로부터 차용된 한어(漢語)와, 중국어 이외에서 유입된 외래어(外来語)로 나뉘어진다. 또 이러한 세 가지 종류의 어가 서로 결합하여 이루어진 혼종어(混種語)가 있다.

① 화어(和語)

화어는, 외부로부터 차용된 한어나 외래어와는 달리, 원래부터 일본어에 존재하였던 고유어로 倭語(わご) 또는 大和言葉(やまとことば)라고도 한다.

일본어의 근간을 이루던 화어는 한어와 외래어에 의해 점차적으로 그 비중이 감소하여, 현대에 와서는 전체적인 비율에 있어서 한어를 밑도는 상황이다. 이는 화어가 주로 기본적인 일상어휘에 많고, 전문어나 학술용어 등의 영역에서는 거의 사용되지 않기 때문이다.

하지만, 종류로 보면 한어(47.5%)가 가장 많지만, 사용량으로는 여전히 화어가 가장 높은 비율을 차지하고 있어 일상적인 언어생활에 있어서의 사용빈도는 고유어인 화어(53.9%)가 한어(41.3%)보다 높다.

화어의 형태적인 특징으로는, 단어의 첫 음절에 탁음이나 반탁음, 요음, ラ행음이 나타나는 경우가 드물며, 한어에 비해 친근감이 있어 일상회화에 많이 사용된다.

② 한어(漢語)

일본어의 어휘 중에서 중국으로부터 차용해 온 것, 또는 한자를 이용하여 일본에서 새롭게 만들어낸 것을 한어라 한다.

한자 한 글자는 일본어 가나문자로는 1~2음절에 해당하며, 한자 한글자가 하나의 단어를 나타내는 경우(胃·苦·差·地·愛·功·天) 도 있으나, 天地·春秋·進退·都市·健康·敬愛·最善·反論 등과 같이 한자 두 글자가 가나 2~4음절로 읽히는 경우가 가장 많으며, 세 글자 이상의 경우, 真善美·喜怒哀楽과 같은 경우 외에도, 超能力·大都市·絶対的·事務室·言語政策·教育制度 등과 같이, 두 글자의 한자어에 1~2자의 한자어가 복합된 형태의 한어도 많다.

한어의 특징으로는, 단어의 첫머리에 탁음이 많이 나타나고, 화어와는 달리 요음이나 ラ행음도 빈번히 등장하며, 화이에 비하여

표현의 구체성과 객관성이 높아 문장어에 많이 사용된다.

또한 표의문자(表意文字)인 한어는 문자와 문자간, 또는 단어와 단어간의 결합이 용이하여, 새로운 개념을 나타내기에 편리하다는 장점이 있다.

③ 外来語

외래어란, 외부의 언어로부터 자국어의 어휘체계 속에 수용된 단어를 말한다.

이러한 의미에서는 한어도 외래어이나, 우리말과 마찬가지로, 일본어에 있어서도 한어와 외래어는 구분된다.

외국어와 외래어의 구분은 반드시 명확한 것은 아니지만, 외국어가 유입되어 어휘체계 내에서 고유한 위치를 차지하게 되면 이를 외래어로 인정하는 것이 일반적이다. 예를 들어, 우리말에 있어서「라디오」나「컴퓨터」는 다른 말로 대신할 수 없거나, 대신하게 되면 그 의미나 뉘앙스가 달라지는 어휘이므로 외래어로서의 자격을 가진다.

두 개 이상의 언어사회가 접촉하면, 어느 한쪽이 관심을 가진 다른 한쪽의 분야로부터 단어가 유입된다. 단어의 유입은 반드시 일방적인 것은 아니어서, 명치유신(明治維新/1868)까지 이어졌던 중국어로부터의 한어유입은 명치유신을 정점으로 점차적으로 감소하여, 반대로 일본에서 만든 한자어가 중국어로 유입되는 현상까지 나타났다.

앞서 언급한 화제한어(和製漢語)가 이러한 예로, 社会, 科学, 法律등의 단어들은 일본이 서구의 문물을 받아들이는 과정에서 새롭게 만들어낸 신조어(新造語)로, 일본어로부터 한자의 종주국인 중국대륙으로 차용된 단어들이다.

한어의 경우와 마찬가지로, 외국어도 역시 일본어에 유입되는 과정에서 일본어 음운체계의 영향을 받게 된다. 영어의「coffee」가 우리말에서는「커피」가 되고, 일본어에서는「コーヒー」가 되는 것은 이 때문으로, 영어의 [f]발음은 우리말에서는 [ㅍ], 일본어에서는 [h]로 발음이 된다.

일본어의 외래어보다 우리말의 외래어가 원음(原音)에 가까운 것은 사실이지만, 그것은 상대적인 차이일 뿐으로, 음운체계가 다른 이상, 외래어발음에 있어서의 원음과의 차이는 불가피하다.

(2) 우리말 속의 일본어

36년 간의 일제의 식민지통치는 우리 민족에게 막대한 영향을 끼쳤다. 일본에 의해 강제적으로 개국을 하게 된 조선은, 어쩔 수 없이 일본의 문물과, 일본을 통하여 들어온 서구의 문물을 흡수할 수밖에 없었다.

라디오가 들어오면「라디오」라는 말도 함께 들어오듯이, 문물의 전파에는 필연적으로 언어의 전파가 따르기 마련이지만, 우리의 경우, 일본을 포함한 외국으로부터의 문물을 자주적으로 수용하는 기회를 가질 여유가 없었다.

외부와는 거의 단절된 상태에 있었던 당시의 조선에는 봇물이 터지듯 외부로부터의 문물이 밀려들어왔고, 유감스럽게도 이러한 문물의 대부분은 일본어를 매개로 한 것이었다. 법률용어나 건축용어, 출판, 미용, 당구 등 지금까지도 일본어의 영향이 남아있는 분야들은 거의 모두가 당시 일본(일본어)을 거쳐 우리나라에 처음 유입된 문물이다.

우리말 속에서 볼 수 있는 일본어의 영향은, 크게 세 가지로 나눌 수가 있어, 일본어 그 자체가 우리말 속에 남아있는 경우와, 외국어의 일본식 발음, 즉 일본식 외래어, 마지막으로 일본식 한자어이다(이 부분에 관한 구체적인 예는 부록의 [일본어투생활용어순화자료]를 참조하기 바란다).

① 일본어

일본어가 그대로 우리말에 들어와 있는 경우는 세대별, 직업별로 그 차이는 있으나, 현재에 있어서도 일상생활에서 흔히 접할 수 있다.

특히 음식관련용어에서 이러한 경향이 두드러져「오뎅」「우동」「덴뿌라」「사시미」「스시」「다꾸앙」등의 일본어는 젊은 세대간에서도 일상생활용어로 통용되고 있어 매스컴 등에서 일본어사용의 자제를 촉구할 경우, 빈번히 등장하는 메뉴이다(예를 들어「오뎅」은「어묵」으로,「우동」은「가락국수」로 등).

개중에는 일본어로부터 온 말이라는 사실조차 모르는 경우도 있어, 여성용의 소매 없는 상의를 가리키는「나시티」등이 그 전형적인 실례이다.「나시」는 일본어의「소데나시」의 앞부분이 생략된 말로, 소매가 없는 상의를 말하며, 여기에 이 또한 일본식 표현인「티셔츠」의 생략형인「티」가 합성되어 이루어진 표현이다. 비록 표준어라고는 할 수 없는 속어적인 표현이지만, 두 개의 일본어를 합성하여 만들어낸, 일본인들도 모르는 일본어가 바로「나시티」인 것이다.

「왔다리갔다리」는「왔다갔다」의 변형으로, 표준어라고는 보기 어려운 표현이지만, 대부분의 한국인들이 사용하거나, 사용하지는 않더라도 의미를 이해하는 어휘이다. 이는 일본어와 한국어의 합성으로, 정확한 경로는 확실치 않으나, 우리말 속의 일본어가 대부분 그러하듯이, 일제강점기에 발생한 것으로 추측이 된다.「왔다리갔다리」는, 같은 뜻의 일본어표현인「いったりきたり」가 발음의 유사성을 매개로, 한국어의「왔다갔다」에 영향을 끼친 결과로,「~다리~다리」라는 표현을 달리는 찾아볼 수 없다는 사실(「앉았다리섰다리」나「줬다리뺐았다리」라고는 말하지 않는다)로부터「왔다리갔다리」에서 일본어「いったりきたり」로부터의 영향을 추측할 수 있다.

② 일본식 한자어

우리말에서 볼 수 있는 일본어의 영향 중에서 양적으로 가장 많은 부분을 차지하고 있는 것은, 일본식 한자어, 즉 화제한어(和製漢語)이다.

명치유신(明治維新)을 계기로 서구의 문물을 본격적으로 받아들이기 시작한 당시의 일본은, 다방면에 걸친 새로운 문물을 흡수하는 과정에서 문물과 함께 유입된 수많은 어휘들을 일본어로 번역하였고, 표의문자인 한자의 생산성은 새로운 개념들을 번역하기에 매우 편리했다.

이러한 연유로 당시 일본의 지식인들은 엄청난 분량의 한자어를 새롭게 만들어 내었고, 일본보다 한발 늦게, 그리고 일본을 매개로 하여 서구의 문물을 접하게 된 당시의 조선은, 차려진 밥상을 받는 식으로, 이러한 한자어들을 받아들였다. 한자문화권이라는 언어적인 동질성이 이러한 현상을 가능하게 하였던 것이다. 당시 일본에 의해 만들어진 한자어는, 조선뿐 아니라 한자문명의 종주국인 중국에도 그 영향을 끼쳤다.

구체적인 예를 들어 당시의 상황을 설명하자면, dumbbell이라는 서구로부터 유입된 운동기구는, 영어를 이해하는 일본인에 의해 문자그대로「소리 없는 방울」, 즉 啞鈴(あれい)로 번역이 되었고, 일본을 통하여 dumbbell을 받아들인 당시의 조선은 啞鈴이라는 일본의 번역까지도 받아들여, 결과적으로 dumbbell은 일본인이 번역한 啞鈴의 한국음인「아령」으로 우리말에 유입되었다.

영어	일본어	한국어
dumbbell	あれい(啞鈴)	啞鈴(아령)

이러한 경위로 우리말에 유입된 일본제의 한자어는, 우리말 한자어의 약 70%에 이르는 것으로 알려져 있으며, 개중에는 대절(貸切), 견적(見積), 매립(埋立), 수당(手当), 수입(手入)등과 같이 한자의 뜻만으로는 그 의미를 추측하기 어려운 한자어도 다수 포함되어있다.

특수한 경우로는, 외래어의 음을, 한자의 음과 뜻을 사용하여 표기한 예로, 우리말에서 그리스를 나타내는 한자어인 희랍(希臘)은, 그리스의 일본식 발음이었던 「기리스」를 한자로 나타낸 것으로, 「기」는 「き」로 음독이 되는 한자인 希로, 「리스」는 「りす(다람쥐)」로 훈독하는 한자인 臘을 사용하여 나타내었다. 즉 「希臘」이라는 한자어는 일본어에서는 「きりす」로 읽혀, 본래의 발음을 유지하고 있으나, 우리말에 유입된 「希臘」은 우리말의 한자음을 사용하여 「희랍」이라는 전혀 무관한 이름으로 변해버린 것이다.

이러한 예로는, 이 밖에도, 지나(支那・シナ), 불란서(仏蘭西・フランス), 독일(独逸・ドイツ), 구라파(欧羅巴・ヨーロッパ) 등이 있다.

③ 일본식 외래어

우리말 속에서 볼 수 있는 일본어의 영향으로, 일본식 외래어도 적지 않은 비중을 차지한다. 일본식 외래어는 「라지오」「카텐」

「사라다」「바께스」「세무」등과 같이 발음만이 일본식인 일본식 발음의 외래어와, 외국어를 사용하여 일본인들이 새롭게 만들어낸 일본제 외래어로 나눌 수가 있어, 일본제 외래어는 다시「올드미스」「아이롱」「백밀러」「미싱」등과 같이 본래의 뜻과는 거리가 있는 조어(造語)에 의한 것과,「볼펜」「테레비」「에어콘」「리모콘」「도란스」「난닝구」「츄리닝」등과 같이 일부가 생략된 형태가 있다.

우리말 속에서 볼 수 있는 일본어의 영향은, 그 대부분이 일제 강점기에 이루어진 것으로, 양적으로 감소하기는 하였으나, 해방 이후에도 일본어로부터의 영향은 이어지고 있다. 문민정부의「문민」이나,「하이테크」「재테크」「아니메」「택배」등은 모두 해방이후에 유입된 일본어이거나 일본식의 표현이다.

이러한 현상에 대하여는 여러 가지 입장이 있을 수 있으나, 지나친 피해의식은 바람직하지 못하다. 예를 들어,「오뎅」을「어묵」으로 순화하여 사용하여야 된다는 주장이 있으나,「오뎅」과「어묵」은 이미 별개의 개념으로 정착되어 사용된 지 오래이며, 「우동」과「가락국수」도 같은 대상을 가리키고 있지는 않다.

참고로 일본어에서 사용되고 있는 우리말에 관하여 언급을 하자면, 일본어 속에서의 한국어의 영향은 상대적으로 미미하여, 근래에 들어 일본에서 일고있는 식도락붐의 영향으로, 한국의 음식과 함께 유입된 한국음식의 명칭들(「キムチ」「カルビ」「ビビンバ」「ユッケ」「カクテキ」등)이 대표적인 예이다.

5. 일본어의 문법

(1) 구성요소

일본어는 사물의 이름이나 그 움직임, 변화, 상태 등을 나타내는 실질어(개념어)에, 문법관계나 화자의 사태에 대한 파악을 나타내는 기능어(관계어)가 이어져 표현을 완성시키는 구조를 취한다.

이 때문에 중국어나 영어에 비해 단어의 독립성은 상대적으로 불분명하여, 문의 최소단위인 단어를 인정하기가 쉽지 않다. 예를 들어 「行きたくはなかったでしょうね」라는 표현이 몇 개의 단어로 이루어져 있는지를 물어보아도 대답은 일정하지 않다.

이처럼 단어와 단어간의 불확실한 경계는 문에 있어서도 나타난다.「暑いですね。きょうは。」가 하나의 문인지 두 개의 문인지는 유동적이다.

(2) 품사

실질어의 대표적인 것으로는 명사와 형용사, 동사를 들 수가 있어, 일본어의 형용사는 동사와 비슷한 활용을 가진다는 점에서 우리말과 유사하다.

학교문법에서 형용동사라고 불리는「きれい」「親切」「まじめ」등은, 우리말의「하다형용사」(「깨끗하다/친절하다/성실하다」등과 같이,「하다」로 끝나는 형용사)와 흡사하여, 명사와 형용사의 중간적인 성격을 띠고 있다. 이 때문에, 우리말의「센치하다」「핸섬하다」「터프하다」등과 같이, 일본어에서도 외래어나 외국어를 형용사적인 용법으로 사용할 때는「ハンサムだ」「スリムだ」「モダンだ」등과 같이 형용동사형으로 사용하는 경우가 많다.

명사 중에서도 우리말의「공부하다」「노력하다」「사용하다」와 마찬가지로,「勉強する」「努力する」「使用する」와 같이 명사에 동사「する」를 연결하여 동사로 사용되는 경우가 많다. 외래어의 경우에도, 우리말과 마찬가지로,「メモする」「サボタージュする」와 같이「する」를 연결하여 동사로 사용하는 경향이 있으며, 일본어의 경우 이러한 표현이 더욱 일상화되어「めもる」「さぼる」등의 일반동사화되어 사용되는 경우가 있다.

기능어의 대표는,「は」「が」「も」「を」「で」「に」「から」등의 조사로, 실질어와 실질어 간의 관계를 나타내는 기능을 가진다.

동사나 형용사와 같이 활용을 하지만, 독립적으로는 사용되지 않는 성분으로「られる」「たい」「そうだ」「ない」등의 조동사가 있다.

이 밖에, 부사, 연체사, 대명사, 접속사, 감동사 등을 일본어의 품사로 들 수가 있다.

(3) 기본문형과 어순

어떠한 언어이든, 문의 골격은 동작, 사건, 상태, 사물의 성질 등을 나타내는 술어를 중심으로 이루어진다.

술어가 타동사일 경우, 그 문의 중심적인 요소는, 동사자체(V)와, 동작의 주체(S), 동작의 대상(O)의 세 가지라는 점은 어느 언어에서든 볼 수 있는 공통적인 부분이므로, 언어를 유형별로 나눌 경우 이 세 가지의 요소가 어떤 순서로 배열이 되는지가 기준이 된다.

가장 많은 것이 전체언어의 약 45%를 차지하는 것으로 알려진 S-O-V형으로, 우리말이나 일본어는 「철수가 영희를 때렸다」 「太郎が花子をなぐった」와 같은 순서이므로, 여기에 속한다.

다음으로 많은 것이, 영어나 독일어, 불어, 중국어 등에서 볼 수 있는 S-V-O형으로 전체 언어의 약 35%를 차지한다.

일본어의 어순은 일반적으로 우리말과 같다고 할 수 있다. 이는 한국인이 일본어를 학습할 때(반대의 경우에도 마찬가지), 매우 유리하게 작용한다. 극단적인 표현을 하자면, 한국어문장의 단어 하나하나를 그대로 일본어로 바꾸어 나가면 일본어로서 의미가 통한다.

앞서 말한, 타동사가 술어인 문의 경우, 문의 기본적인 구성을 일반적으로 설명하자면, 우선 술어인 동사(때리다)와 관계되는 요소는, 동작의 주체(철수)와 동작의 대상(영희) 외에도, 행위의 장소(공원벤치), 시간(저녁 무렵), 도구(주먹) 등을 생각할 수가 있어, 일본어에서는 (우리말과 마찬가지로)이러한 관계들이 명사에 이어지는 조사에 의해 나타내어지며, 이러한 요소들을 차례로 나열한 후에 술어가 등장하는 것이 일반적이다. 술어가 가장 나중에 등장한다는 것을 제외하면, 다른 요소들의 등장순서는 비교적 자유롭다. 이는 등장하는 요소 하나하나에 술어와의 관계를 나타내는 성분이 꼬리표처럼 붙어 다니기 때문으로, 어순이 바뀌면 전혀 다른 내용의 문이 되어버리는 영어와는 다르다.

또한 이러한 요소들은 상황이나 문맥에 따라 생략되더라도 문의 문법적인 타당성을 저해하지는 않는다. 따라서 술어만이 문의 필수적인 요소가 된다.

술어가 될 수 있는 것은, 동사나 형용사(형용동사를 포함하여)로, 명사가 술어로써 사용되기 위해서는「だ」「です」등의 조동사의 도움을 필요로 한다.

어순과 관련된 일본어의 또 하나의 특징은, 수식어와 피수식어의 배열순서이다. 우리말의「빨간 꽃」「서둘러 가다」「매우 빠르다」와 같이 일본어에서도「赤い花」「急いでいく」「とても速い」와 같이 수식어「赤い」「急いで」「とても」는 피수식어「花」「いく」「速い」의 앞에 놓인다.

(4) 술어의 활용

단어가 그 어휘적인 동일성을 유지한 채로 용법에 따라 규칙적으로 형태가 변화하는 현상을 활용이라고 한다.

일본어에는 이러한 활용현상이 있어, 술어가 되는 동사, 형용사와 이들의 뒤에 이어지는 조동사에서 볼 수 있다.

일본어의 활용은 영어의 그것과는 근본적으로 달라, 영어의 경우, 동사의 활용은 주어와의 관계에 의해 좌우되는 부분이 크다. 예를 들어, 영어의 경우, 같은 현재형일지라도, 주어가 단수인지 복수인지에 의해 동사가 달라지지만, 일본어에서는 주어의 단복은 활용에 아무런 영향을 끼치지 않는다. 일본어의 활용은 어떠한 의미를 가지는지, 또는 뒤에 이어지는 성분이 어떠한 것인지에 따라 결정이 된다.

또한 영어의 경우, 동사의 활용(am/are/is)과 형용사의 활용(long/longer/longest)이 전혀 기준을 달리하고 있는 것에 비해, 일본어의 경우, 동사의 활용과 형용사의 활용은 그 기준이 일치한다.

일본어의 활용은 우리말의 활용과 매우 흡사하여, 우리말의 「먹다」가 어간인 「먹」을 남겨두고 「-지 않다(부정)」「-습니다(경어)」「-는(연체)」「-으면(가정)」「-어(명령)」「-자(권유)」「-었다(과거)」 등으로 어미가 변화하는 것과 같이, 일본어 동사 「たべる」도 어간 「たべ」에 「-ない(부정)」「-ます(경어)」「-る(연체)」「-れば(가정)」「-ろ・よ(명령)」「-よう(권유)」「-た(과거)」의 활용형을 지닌다.

형용사의 경우도 마찬가지로 우리말의「뜨겁다」가「뜨겁지 않다(부정)」「뜨겁습니다(경어)」「뜨거운(연체)」「뜨거우면(가정)」「뜨거웠다(과거)」 등으로 활용하는 것과 마찬가지로, 일본어에서도「あつい」가「あつくない(부정)」「あついです(경어)」「あつい(연체)」「あつければ(가정)」「あつかった(과거)」등으로 활용을 한다.

(5) 시제(時制)와 상(相)

일본어의 술어에는「本だ-本だった」「いる-いた」「さむい-さむかった」와 같은 대립이 있다.

이러한 대립은 발화의 시점과 발화내용의 시점과의 관계에 의한 것으로, 이를 시제(tense)라 한다.

우리말이나 영어 등에도 시제는 존재하나, 중국어, 태국어, 인도네시아어 등은, 문 속에 나타나는「어제」「지금」「내일」등의 때를 나타내는 명사나 부사로 시제를 나타내어 따로 술어의 형태를 바꾸지 않는 언어도 존재한다.

일본어 동사의 과거형에는「あ、あった。」「きた。きた。」등과 같이 기다리거나 찾던 물건을 발견했을 때나, 명령형의 한 형태인「まった。」「さあ、どいたどいた。」」, 잊고 있었던 것이 생각났을 때에 사용하는「そういえば、きょうは先約があった。」등의 특수한 용법이 있으나, 우리말에서도「너, 이제 큰일났다」「참, 내일이 내 생일이었지?」등과 같이 이와 유사한 용법을 볼 수가 있다.

相(aspect)에서는 일반적으로 동작의 진행과 완료가 문제가 되어, 일본어에서는「あるいて・いる」「かいて・いる」와 같이 동사의 활용형에 보조동사인「いる」를 붙여서 이를 나타낸다.

보조동사「いる」는 원래 독립되어 사용되는 동사로, 우리말의「있다」가 본래의 용법 외에 동사 뒤에 붙어서「걷고 있다」「쓰고 있다」와 같이 동작의 진행을 나타내어, 이 점에서도 우리말과 일본어의 유사성을 찾아볼 수 있다.

「쓰고 있다」의 경우, 우리말에서는「써 있다」와 대립하여, 전자는 진행을, 후자는 상태를 나타내지만, 일본어의 경우 우리말의「쓰고-써」와 같은 대립이 존재하지 않아, 동사의 의미적인 특징이나 문맥으로 이를 판단해야 할 경우가 있다.

이 밖에도 相을 나타내는 보조동사로는「～て・ある」「～て・しまう」「～て・いく」등이 있다.

(6) 태(態)

우리말의「먹다-먹히다」와 같이, 주체와 객체가 존재하는 행위의 표현에서 주체를 중심으로 하는 표현과 객체를 중심으로 하는 표현을 각각 능동태와 수동태라고 한다.

일본어에서도「たろうがはなこをなぐった」「はなこがたろうになぐられた」와 같이「する」와「される」의 대립이 존재하여,「(ら)れる」를 수동태를 나타내는 문법적인 형태로 인정할 수 있지만, 우리말과는 달리 일본어의「(ら)れる」는, 수동태 외에도「가능」「존경」「자발」「피해」등의 용법을 겸하고 있어, 문맥을 통한 구별이 필요하다.

(7) 장면의존성(場面依存性)

우리말에는 상황이나 문맥으로 추측이 가능한 부분을 생략하는 경향이 있어, 흔한 예로,「나는 자장면」을 들 수가 있다.

이러한 생략은 일본어에서도 흔히 볼 수가 있어,「ぼくはウナギだ」라는 표현이 일본어에서도 가능하다. 어휘에 있어서도 이러한 생략현상은 두드러져, 한국과 일본의 신문광고란을 보면 두 언어의 생략표현을 쉽게 접할 수 있다.

IV. 일본어의 표현

1. 언어표현의 요소

음성언어와 문자언어를 막론하고, 모든 언어표현은 다음과 같은 세 가지의 요소를 필요로 한다.

> 사태(事態)
> 태도(態度)
> 표출(表出)

이 세 가지의 요소를 사진촬영에 비교하여 설명하자면, 사태는, 사진에 찍힌 피사체(被写体)이며, 태도는, 피사체와 사진사간의 거리나 각도 등의 위치관계나 명암(明暗), 구도(構図)라 할 수가 있으며, 표출은, 인화되어 나온 사진에 해당한다.

한 장의 사진을 보고 피사체와 그 피사체를 촬영한 사진사의 위치를 동시에 알 수 있는 것과 마찬가지로, 언어표현에도, 사태와 표현주체의 태도가 나타나 있다.

사진에 드러나 있는 피사체의 위치가, 피사체에 대한 사진사의 태도라면, 사진자체의 크기나 색상, 걸어놓은 위치 등은 사진 감상자에 대한 사진사의 태도라고 볼 수가 있다.

언어표현에 있어서의 발화자의 태도도 역시 사태에 대한 태도와 상대방에 대한 태도로 나눌 수가 있다.

언어표현은 필연적으로 특정한 태도를 포함하지 않을 수 없어, 발화자의 발화 자체가 이미 발화내용에 포함된 사태에 대한 발화자의 특정한 태도를 포함한다.

마찬가지로, 언어표현이 상대방에게의 전달을 목적으로 하는 행위라면, 언어표현에는 반드시 상대방에 대한 발화자의 태도가 포함이 된다.

> **예**를 들어, 「가다」라는 행위를 상대방이 하도록 하려는 의도를 발화자가 가지고 있어, 이를 언어표현으로 나타내려 한다면, 발화자는 어쩔수없이 「가.」 「가라.」 「가거라.」 「가게.」 「가시게.」 「가세요.」 「가십시오.」 등의 언어표현 중에서 하나를 선택해야 하며, 이들 중에서 무엇을 선택하더라도 상대방에 대한 발화자의 태도는 포함이 된다.

상대방에 대한 발화자의 태도는, 어휘의 선택에 있어서도 볼 수가 있어, 우리말의 예를 들자면, 「밥/식사/진지」 「말/말씀」 「술/

약주」「나이/연세/춘추」「먹다/들다/잡수다」「아빠/아버지/아버님」「사망/작고/서거」등의 구별이 그러하다.

구체적인 언어표현의 예를 들어 설명하면,

모르긴 해도 내일 비가 올 겁니다.

라는 표현에 있어서,

[내일 비가 온다]

는, 발화자에 의해 언어적으로 파악된 하나의 사태이며,

[모르긴 해도] [~ㄹ 거다]

는, 사태에 대한 발화자의 태도「짐작」을 나타내며,

[~ㅂ니다]

는, 상대방에 대한 발화자의 「정중」한 태도를 나타내며,

[모르긴 해도 내일 비가 올 겁니다.]

와 같은, 발화자에 의한 구체적인 발화가 표출이다.

표출 또한 언어표현의 필수적인 요소로,「물!」「춥다.」등과 같은 음성표현이나 문자표현이, 어휘목록에 속해 있는 하나의 항목

으로서의「물」「춥다」와 달리, 언어표현이라고 불리는 이유는, 어휘목록의 한 항목으로서의「물」「춥다」가, 그 언어를 사용하는 개인이나 집단일반의 기억 속에 잠재되어 있는 상태인 반면, 구체적인 문자나 음성으로 표출된「물!」「춥다.」에는 이미 상대방에 대한 발화자의 태도나 대상에 대한 발화자의 언어적인 파악이 포함되어 있기 때문이다.

>「어휘목록에 잠재되어 있는 어휘」란, 발화자에 의해 문자나 음성으로 구체화되기 이전의, 발화자의 뇌리에 기억이나 지식으로 존재하고 있는 어휘의 총체를 말한다.「국어사전」이란, 그 언어에서 사용될 수 있는 어휘들을 망라하여 문자로 등록하고 해설해 놓은 어휘목록이라고 볼 수 있다.

2. 언어표현의 구체성(具体性)

언어표현은 대상에 대한 표현주체의 언어적인 파악을 기초로 한다. 빠른 속도로 달리고 있는 기차를「기차」라고 하든,「빠르다」라고 하든,「달린다」라고 하든 대상에 대한 언어파악이라는 점에서는 변함이 없다.

언어에 의한 대상의 파악은, 그 구체성에 있어서,

「기차」
「달리는 기차」
「**빠르게** 달리는 기차」
「남쪽을 향해 **빠르게** 달리는 기차」

와 같은 여러 가지의 단계를 생각할 수 있으며, 이론상으로는 끝없이 이어질 수도 있다.

언어에 의한 대상 파악의 구체성에 이처럼 다양한 단계가 존재하는 이유는, 언어외적인 상황으로부터 주어지는 정보의 양이 일정하지 않기 때문으로, 언어표현의 구체성은 상황으로부터 주어지는 정보의 구체성에 반비례한다.

구체적인 언어표현을 예로 들어보면, 앞서 예로 든

「물!」
「춥다.」

등과 같은 표현의 경우, 발화자의 어휘목록에 잠재되어 있는 어휘중의 하나가, 아무런 형태의 변화나 결합의 과정을 거치지 않고 구체적인 음성이나 문자로 표출되어 있어, 표현의 내용은 지극히 간단하다.

한편,

「물이 마시고 싶다.」
「날씨가 춥다.」

등의 표현은, 복수의 어휘가 일정한 규칙에 따라 결합되어 있어, 이 경우, 전자에 비하여 사태의 내용은 구체적이다.

「물!」이라는 음성만으로 「나는 지금 물이 마시고싶다.」는 발화자의 의도를 파악할 수 있는 것은, 무더운 날씨와, 발화자의 얼굴에 흘러내리는 땀, 발화자의 표정, 음성의 절박함 등의 주위환경이, 발화자의 언어표현을 대신하여 주기 때문이다.

발화자 역시 상대방이 이러한 주변상황을 단서로 삼아 자신의 의도를 파악하리라는 사실을 예상하고 있기 때문에, 이와 같은 생략이 가능한 것이다.

음성에 의한 언어표현이 문자에 의한 언어표현보다 상대적으로 간단하고 생략이 잦은 것은, 음성언어의 경우, 음색(音色)이나 억양(抑揚), 말투와 같은 음성언어 자체가 지닌 부수적인 정보 외에도, 발화자와 상대방이 처해 있는 구체적인 상황이라는 정보가 주어져 있는 경우가 일반적으로, 문자의 열거만으로 의사를 전달해야하는 문자언어보다 상황에 대한 의존도가 높기 때문이다.

> *같은 음성언어일지라도, 전화통화의 경우와 같이 상황에 대한 의존도가 낮을 경우, 구체적인 언어표현의 필요성은 높아진다.*

물음표, 느낌표, 말 줄임표나 쉼표, 마침표와 같은 부호나, 인터넷에서 사용되는 얼굴표정기호 등은, 문자언어가 지닌 정보의 취약성을 보완하기 위한 수단의 하나로, 발화자와 상대방이 얼굴을 마주하고 있는 상태인 음성언어의 경우라면 불필요한 것들이다.

일기에서 「오늘은」이라는 표현이 불필요한 것도, 바로 이 때문이다.

이러한 관점에서 보면, 언어표현에 있어서, 어휘목록에 저장되어 있는 어휘들이, 그 형태의 일부가 변화하거나, 다른 어휘들과 결합된 형태를 취하는 것은, 주변의 상황으로부터 얻어낼 수 없는 정보의 공백을 보완하기 위한 것이라고 생각할 수가 있다.

극단적으로는, 표정이나 눈빛, 몸짓 등의 언어외적인 표현만으로도 의사전달이 가능하여, 언어표현 자체가 필요 없는 경우도 생각할 수 있으나, 이러한 경우는 대상에서 제외한다.

이상의 내용을 정리하면, 대상에 대한 언어적인 파악에서 볼 수 있는 어휘의 형태적인 변화나 어휘간의 결합은, 특정한 어휘 하나만으로는 표현할 수 없는 부분을 보완하기 위한 노력으로 볼 수가 있으며, 나아가서는, 인간의 언어 그 자체가, 언어외적(言語外的)인, 또는 언어이전(言語以前)의 표현수단이 가지는 불완전성을 보완하기 위해 생겨난 부수적인 기호의 체계라 할 수 있다.

3. 일본어의 표현

어떠한 언어에서든 언어표현의 중심을 이루는 어휘는,

> 대상의 명칭 ⇒ 명사(名詞)
> 대상의 성질이나 상태의 서술 ⇒ 형용사(形容詞)
> 대상의 변화나 움직임의 서술 ⇒ 동사(動詞)

의 세 가지로, 언어표현은, 이러한 어휘를 그대로, 또는 복수의 어휘들을 일정한 규칙에 따라서 열거하여, 구체적인 문자의 집합이나 음성의 연속으로 표출(表出)한 결과이다.

> *여기서「서술」이란*, 대상의「성질」「상태」「변화」「움직임」 등을 명칭이 아니라 그 자체로써 파악한다는 뜻으로, 구체적으로는 「크기」가 아닌「크다」,「추위」가 아닌「춥다」,「성장」이 아닌 「자라다」,「생존」이 아닌「살다」등을 말한다.

품사분류에 있어서, 이른바 명사, 형용사, 동사에 속하는 어휘들은, 단독으로 술어가 될 수 있다는 공통점을 지니고 있으며, 이 점에서, 다른 품사에 속하는 어휘들과는 구별된다.

세부적인 예외를 무시하고 말하자면, 명사, 형용사, 동사는 각각 언어표현에 있어서의 개념형성의 출발점이자 필수조건이며,

그 밖의 품사에 속하는 어휘들은 명사, 형용사, 동사가 가지는 개념의 구체화를 위한 선택조건으로, 부수적이다.

　이 장에서는, 일본어의 표현을 설명하기 위한 방법으로, 이상에서 보아온 관점에 의거하여, 명사, 형용사, 동사에 속하는 어휘들을 언어표현의 출발점으로 보고, 구체적인 언어표현에서 볼 수 있는 어휘의 형태변화와, 어휘간 결합의 양상을 살펴본다.

(1) 명사문(名詞文)

「学生」　학생

와 같은, 특정한 대상을 나타내는 하나의 명사나,

「まじめな 学生」　착실한 학생

와 같이, 다른 표현요소와의 결합에 의해 구체화된 명사에,

「まじめな 学生 です」　착실한 학생입니다

와 같이, 상대방에 대한 발화자의 「정중(鄭重)」 태도가 담겨져서

「まじめな 学生 です。」　착실한 학생입니다.

와 같이 구체적으로 표출된 음성의 연속이나 문자의 집합을, 명사문이라고 한다.

① 명사

보통명사/추상명사/고유명사/집합명사/물질명사 등과 같은, 명사의 의미상의 분류나, 복합명사/전성명사 등과 같은 구조상의 분류는, 모든 언어에 있어서 그다지 커다란 차이점을 발견할 수 없다는 점에서, 그리고, 특히 일본어의 경우, 한국어와 유사성이 높다는 점에 있어서, 한국인학습자들에게는 그다지 중요하지 않으며, 수많은 명사들을 일일이 열거하는 것도 효율적이라고는 볼 수 없다.

여기서는 일본어의 명사 중에서도, 인칭대명사와 지시대명사와 같이, 명사를 대신하는 기능을 가진 이른바 대명사(代名詞)의 의미용법과, 조사「の」를 이용한 명사의 구체화를 살펴보기로 한다.

인칭대명사(人称代名詞)

인칭대명사란,「철수」「김영희」「はなこ」「うらしまたろう」와 같은 구체적인 이름을 대신하여, 발화자 자신과의 위치관계나 신분관계에 따라 대화의 상대방이나 제삼자를 가리키는 말로, 우리말과 마찬가지로 일본어에 있어서도 그 사용빈도가 높은 어휘체계이다.

특히, 발화자가 스스로를 가리키는 1인칭의 경우, 인칭대명사의 사용에는 선택의 여지가 거의 없다고 할 수 있다.

일본어에서 1인칭을 나타내는 인칭대명사의 대표격으로는 「わたし(私)」를 들 수가 있어, 우리말의 「저」에 해당하는 겸양표현이다. 1인칭대명사로는 이밖에도,

「おれ(俺)」 「ぼく(僕)」 「あたし」 「わたくし(私)」

등이 있어, 「おれ(俺)」 와 「ぼく(僕)」는 남성들이 자신을 가리키는 말로, 「わたし(私)」에 비해 겸양의 의식은 적다. 특히 「おれ(俺)」는 아랫사람이나 흉허물없는 사이에서나 쓸 수 있는 거친 표현으로, 남녀의 성차(性差)를 느끼게 하는 표현이다.

「あたし」는 「わたし」의 변화형으로, 주로 여성들이 사용하며, 「わたくし」는 「わたし」보다 딱딱하고 공식적인 뉘앙스를 풍겨, 경우에 따라서는 권위적인 느낌을 준다.

1인칭의 복수형은, 단수형에 접미어 「ら」 「たち」 「ども」를 붙인,

「おれら」 「おれたち」 「ぼくら」 「ぼくたち」 「わたくしども」

등이 주로 사용된다. 「ども」는 「무리, 떼, 패거리」의 뜻을 가진 겸양어로, 같은 겸양표현인 「わたくし」의 복수형으로만 사용되며, 「おれ」나 「ぼく」와는 결합되지 않는다.

일본어의 1인칭으로는 이밖에도,

「しょうせい(小生)」 「じぶん(自分)」 「てまえ(手前)」

등이 있으나, 특수한 경우로 일반적으로 사용되지는 않는다.
　2인칭대명사로는,

「あなた」「きみ(君)」「おまえ(お前)」

등이 있지만, 「あなた」는 우리말의 「당신」과 흡사한 용법을 가진 말로, 현대의 일본어에 있어서의 「あなた」는, 상대방을 거리감을 두고 지칭하는 호칭이라는 인식이 지배적이어서 실제 사용 빈도는 높지 않다.

　일본어에 있어서도 예의를 갖춰야 되는 상대방에 대한 호칭으로는, 상대방의 이름이나 직책 등을 사용하는 것이 일반적으로, 「あなた」가 사용되는 경우는, 사무적인 경우를 제외하면, 그리 흔하지 않다. 또한, 우리말에서 「당신」이 부부간의 호칭으로 사용되는 것과 마찬가지로, 일본어에서도 「あなた」는 아내가 남편을 부를 때 사용하는 호칭이기도 하다.

　「きみ」가 자신보다 아랫사람에 대한 점잖은 호칭인 것에 비하여, 「おまえ」는 상대적으로 상대방에 대한 존중도가 떨어지는 호칭으로, 관용적으로는 남편이 아내를 부를 때에 사용하는 호칭이기도 하다.

　「じぶん」과 「てまえ」는 본래 「자기자신」「스스로」를 뜻하는 1인칭으로, 2인칭으로도 사용이 되나, 일반적인 용법이라고는 할 수 없다.

　2인칭의 복수형은, 단수형에 접미어 「ら」「たち」를 붙인,

「きみら」「きみたち」「おまえら」「おまえたち」「あなたたち」

등이 주로 사용된다.

3인칭대명사로는, 남성을 지칭하는「かれ(彼)」와, 여성을 지칭하는「かのじょ(彼女)」를 들 수가 있다. 일본어의 3인칭은 본래 남녀의 구별이 없어「かれ」로 남녀 모두를 지칭하였으나, 영어의 he와 she를 번역하는 과정에서「かれ」와는 별도로「かのじょ」라는 표현이 3인칭에 추가되어, 현재에 와서는 널리 사용되고 있다.

3인칭의 복수형에도, 단수형에 접미어「ら」「たち」를 붙인

「かれら」「かれたち」「かのじょら」「かのじょたち」

등이 주로 사용된다.

부정칭으로는 우리말의「누구」에 해당하는「だれ(誰)」와, 예의를 갖춘 호칭인「どなた(어느 분)」가 일반적이다.

지시대명사(指示代名詞)

일본어의 지시대명사의 체계는 우리말의 그것과 매우 유사하여, 일본어의「こ/そ/あ/ど」는 각각 우리말의「이/그/저/어느」에 해당한다.

この	ここ	これ	こちら
その	そこ	それ	そちら
あの	あそこ	あれ	あちら
どの	どこ	どれ	どちら

영어의 경우, 지시대명사는 this와 that의 두 가지로, this는 발화자에게 가까운 공간에 속하는 사물이며, 나머지는 모두 that으로 지시되지만, 일본어와 한국어의 지시대명사의 경우, 공간은 발화자의 공간과, 상대방의 공간, 그리고 쌍방이 공유하는 공간으로 분류가 된다.

위치를 나타내는 「ここ/そこ/あそこ」를 예로 들면, 「ここ」는 발화자와 상대방과의 위치관계를 기준으로 하였을 때, 상대적으로 발화자에게 가까운 위치를 말하며, 「そこ」는 상대방에게 가까운 위치, 「あそこ」는 어느 쪽에도 속하지 않는 공간으로, 양자가 공유하는 공간이라고 할 수 있다.

지시대명사에 의한 일본어의 공간분할은, 물리적인 거리에 의해서라기보다는 정신적인 거리인식이 기준이 되고 있어, 자신의 신체의 일부인 등일지라도, 긁어주고 있는 상대방에게 맡겨진 경우에는 「そこ」로 지시하여야 한다. 이 경우, 우리말에서도 역시 「거기」가 사용된다.

눈에 보이지 않는 관념상의 대상을 지시할 경우, 일본어와 우리말의 지시대명사의 용법에는 커다란 차이가 있어, 우리말의 경

우, 관념상의 대상을 가리킬 때 주로 사용되는「그」(「어제 시내에서 우연히 그 사람을 만났어」에서의「그」)와, 화제에 이미 등장했던 대상을 재차 가리킬 경우에 쓰이는「이」(「어제 시내에서 우연히 친구를 만났는데, 글쎄 이 친구가...」에서의「이」)의 두 가지가 사용되며, 특수한 경우(연설문 등에서 볼 수 있는「저 유명한...」)를 제외하면「저」가 사용되는 경우는 없지만, 일본어의 경우, 관념상의 대상을 지시하는 경우에도, 원칭(遠稱)인「あ」가 사용되며, 이 경우의「あ」도, 구체적인 공간지시와 마찬가지로, 관념의 공유를 나타낸다.

예를 들어, 대화 중에 발화자가 과거에 방문했던 특정한 지역을 지시대명사로 지시할 경우,「そこ」를 사용하면, 발화자만이 알고 있는 지역이 되며,「あそこ」를 사용하면, 발화자와 상대방이 모두 알고 있는 지역이 된다.

일본어의 지시대명사의 체계는, 이와 같이,

> 「こ」로 지시되는「발화자의 영역」
> 「そ」로 지시되는「상대방의 영역」
> 「あ」로 지시되는「양자가 공유하는 영역」

으로 나눌 수가 있어, 이러한 분류는, 구체적인 지시에 있어서도 추상적인 관념의 지시에 있어서도 일관적으로 적용이 된다.

조사「の」를 이용한 명사의 구체화

「の」는, 일본어의 전체 어휘 중에서 가장 사용빈도가 높은 어휘이다.「の」의 기능으로는,

「あかいのはりんごです。」 빨간 것은 사과입니다.
「あした、東京に行くの。」 내일 동경에 갈 거야.

등과 같이, 형식명사나 종조사(終助詞)로 사용되는 경우도 있으나, 여기에서는,

わたしの本　나의 책
昨日の雨　어제의 비
木のいす　나무의자
社長の山田　사장인 야마다

등의 예와 같이, 명사와 명사의 사이에 놓여, 명사구(名詞句)를 이루는 경우의「の」에 관하여 살펴본다.

예로 제시한 네 개의 명사구는「명사の명사」라는 점에서는 모두 일치하지만, 두 개의 명사의 관계를 살펴보면, 각각「わたし」는「本」의 소유자이며,「昨日」는「雨」의 시간적인 배경,「木」는「いす」의 재질,「社長」은「山田」의 지위를 나타낸다. 하지만 이러한 차이는「の」를 사이에 두고 앞뒤로 놓인 두 개의 명사가 가지고 있는 의미의 상호관계에 의해 발생하는 것으로,「の」와는 무관하다.

네 개의 명사구에서 공통적으로 찾아볼 수 있는「の」의 기능은, 앞에 놓인 명사가, 뒤에 놓인 명사의 의미를 구체화한다는 것이다.「わたしの本」의 경우,「本」이 가지는 의미는「わたし」라는 조건에 의해 축소되어,「本」에 비해「わたしの本」이 가지는 의미는 구체적이다.

이밖에도 명사가 가진 의미를 구체화하는 방법으로는,

あかい 本   빨간 책
きれいな 本 깨끗한 책
よんでいる 本 읽고 있는 책

등과 같이, 형용사나 형용동사, 동사의 접속에 의한 경우도 있으나, 이에 관해서는 후에 언급하기로 한다.

② わたしは学生です

영어에서도 그렇듯이, 문형「~는 ~입니다」는 외국어학습의 초보인 단계에서 등장하는, 이른바 명사문의 가장 기본적인 문형으로, 일본어에서도 예외는 아니다.

여기서는 명사문의 기본적인 문형으로「わたしは学生です」를 설정하여, 이를「学生だ」⇒「学生です」⇒「わたしは学生です」의 세 단계로 나누어, 각 단계에 있어서의 변화형과, 구체화의 양상을 알아본다.

「学生だ」와「学生です」에서는, 상대방에 대한 발화자의 태도의 차이를 볼 수가 있어,「学生だ」는 발화자가 상대방과 대등하거나 상대방보다 우위를 점하는 경우에 사용하는 반말인 것에 비해,「学生です」는 상대방을 존중(尊重)하는 발화자의 태도가 포함된 경어표현이다.

「学生です」와「わたしは学生です」는, 표현의 구체성이 서로 달라,「学生です」보다「わたしは学生です」가 더 구체적인 표현으로 상황에 대한 의존도가 낮다.

「学生だ」

「学生だ」는 발화자의 단정(斷定)을 상대방에게 대등한 태도로 표출한 표현으로, 문자나 음성에 의한 구체적인 표출이라는 점에서「표현」으로 인정할 수는 있으나, 사태에 대한 발화자의 언어적인 파악이 지극히 단순하여 상황에 대한 의존도가 높은 표현이다.

> 일본어의「学生」는 우리말의「学生」과는 달리, 대학생 이상을 말한다. 초등학생, 중학생, 고등학생은「生徒(せいと)」라는 표현을 사용하는 것이 일반적이다. 같은 한자어이면서 우리말과 일본어가 서로 다른 뜻으로 사용되는예로는, 이밖에도,「大丈夫」「真面目」「愛人」등이 있으나, 엄밀한 의미에서 말하자면, 외국어인 이상 의미의 일대일대응은 거의 존재하지 않는 것으로 보는 것이 타당하다. 같은 언어권내에서도 개인이나 집단, 또는 지역에 따라 말의 쓰임새가 달라진다는 사실을 감안하면, 이는 당연한 현상이라고 할 수가 있다.

「学生だ」가 일상회화체에서 주로 사용되는 표현인 것에 비

해, 신문기사나 학술논문 등의 공적인 문서에 사용되는 문장체의
표현으로는,

学生である。

가 있어, 이 표현에 있어서의 발화자의 태도는「学生だ」보다
「객관적(客観的)」이며「공식적(公式的)」이다.

「学生だ」「学生である」의 과거형은 각각,

「学生だ」⇒「学生だった」
「学生である」⇒「学生であった」

이며, 추량형은 각각,

「学生だ」⇒「学生だろう」
「学生である」⇒「学生であろう」

이다. 부정형으로는「学生である」의 부정인,

「学生である」⇒「学生ではない」

만이 사용된다.

| 学生です |

「学生です」는, 사태에 대한「단정」이라는 점에서는「学生

だ」와 같지만,「です」에 의해, 상대방에 대한 발화자의「정중」한 태도가 나타나 있다는 점에서「学生だ」와는 태도가 다른 표현이다.

> 「정중」과「단정」이라는 표현주체의 두 가지의 태도는 각각 그 방향을 달리하고있어,「정중」은 대화의 상대방에 대한 발화자의 태도이며,「단정」은「学生だ」라는 사태에 대한 발화자의 태도이다.

「です」는 우리말「입니다」에 해당하는 표현으로, 상대방에 대한 발화자의 정중한 태도를 나타내는, 이른바 존댓말이다. 우리말과 마찬가지로 일본어에도 대우표현(待遇表現)이 존재하여,「学生です」를 예로 들면, 대략적으로

学生だ。（대등）
学生です。（정중）
学生でございます。（정중+겸양）

의 세 단계의 표현이 사용되고 있다.

언어표현에서 볼 수 있는 일반적인 특징의 하나로, 표현이 길어질수록 정중한 표현이 된다는 점을 들 수가 있으나, 이 점에서 일본어도 예외는 아니어서,「学生です」에 비해「学生だ」는, 우리말의「학생이야.」「학생이다.」에 해당하는 표현으로, 이를테면 반말이다.

「学生です」에 「겸양」이라는 발화자의 태도가 추가된

学生でございます。

는 일상생활용어라기보다는 백화점의 안내방송 등에서 들을 수 있는 표현으로, 지극히 정중한 표현이기는 하나, 약간은 사무적인 느낌을 주는 표현이기도 하다.

영어에 비해 일본어의 복잡한 경어체계는, 학습자들에게 부담을 안겨주는 부분이기도 하지만, 우리말의 경어체계가 지니는 다양성 (예를 들어「학생입니다.」의 경우, 상대방과의 상하관계에 따라 「학생이다.」「학생이야.」「학생이오.」「학생이예요.」「학생입니다.」가 각각 구별된다.)은 일본어를 능가한다.

이하,「です」의 여러 가지 변화형을 살펴보기로 한다.

우리말의「입니다」가 상황에 따라「입니까」「이었습니다」「이겠지요」「이 아닙니다」로 변화하는 것과 같이, 일본어의「です」도,

学生です ⇒ 学生ですか。 (의문)
学生です ⇒ 学生でした。 (과거)
学生です ⇒ 学生でしょう。 (추측)
学生です ⇒ 学生ではありません。 (부정)

등으로 변화하여 사용된다.

学生ですか

「学生ですか」는「学生です」에, 발화자의「의문」을 나타내는 표현요소인「か」가 추가된 표현이므로, 우리말의「학생입니까?」에 해당하는 표현이다.

「学生です」⇒「学生ですか」

「か」는 명사문뿐 아니라, 형용사문, 동사문에 있어서도 문말(文末)에 연결되어, 발화자의「의문」을 나타내는 표현요소로 사용된다는 점에서, 우리말의 문말에 오는「까」와 흡사하다.

우리말의「학생이야.」와「학생이야?」가 그러하듯이, 일본어의「か」도, 음성언어에 있어서는 생략되는 경우가 많아,「의문」을 나타내는 표현요소인「か」를 사용하지 않더라도「学生です」의 문말의 억양을 달리함으로써 발화자의「의문」을 나타내는 경우가 있다.

学生でした

「学生でした」는「学生です」의 과거형으로, 사태에 대한 발화자의 시제파악이 구체화된 표현이다.

「学生です」⇒「学生でした」

「学生です」의 과거형으로는「学生だったです」도 가능하여,

이는「学生です」의 반말투인「学生だ」를 과거형「学生だった」로 바꾸고, 여기에 다시「です」를 연결하여 경어체로 만든 것으로,「学生でした」와는 구체화의 과정이 서로 다르다.

「学生だ」⇒「学生だった」⇒「学生だったです」

「学生でした」와「学生だったです」는 모두「정중」과「과거」라는 발화자의 태도를 포함하는 표현이라는 점에서는 같지만, 용법에 있어서「学生だったです」는「学生でした」에 비하여 상대적으로 격의 없는 표현으로, 일상회화에서 주로 사용된다.

이러한 관점에서 보면, 상대방에 대한 발화자의 정중한 태도라는 점에서, 두 개의 표현은 일치하지만, 양자간에는 정도의 차이를 인정할 수 있다.

「学生でした」와「学生だったです」에, 사태에 대한 발화자의 의문을 나타내는 표현요소「か」가 이어지면, 각각 의문을 나타내는 표현인「学生でしたか。」와,「学生だったですか。」가 된다.

「学生です」⇒「学生でした」⇒「学生でしたか」

「学生だった」⇒「学生だったです」⇒「学生だったですか」

学生でしょう

「学生でしょう」는,「学生です」에, 사태에 대한 발화자의 태도「추량」이 추가된 표현으로, 우리말의「학생이겠지요./학생일

것입니다./학생일 테지요.」 등에 해당하는 표현이다.

「学生です」 ⇒ 「学生でしょう」

형태의 변화 없이 문말의 억양을 달리함으로써 「学生でしょう。」에는 발화자의 사태에 대한 「의문」의 태도가 추가된다.

「学生でしょう」의 과거형은, 「でしょう」의 과거형이 없기 때문에 이미 과거형을 취하고 있는 「学生だったです」의 추량형인 「学生だったでしょう」가 사용된다.

「学生だった」 ⇒ 「学生だったです」 ⇒ 「学生だったでしょう」

「学生でしょう」의 의문형은,

「学生です」 ⇒ 「学生でしょう」 ⇒ 「学生でしょうか」

이며, 과거형인 「学生だったでしょう」의 경우,

「学生だったでしょう」 ⇒ 「学生だったでしょうか」

가 된다.

学生ではありません

「学生です」의 부정으로는 우선 「学生ではありません」을 들

수가 있으나,「学生ではありません」의 경우,「学生です」의 부정이면서도, 표현의 구체화과정은 서로 달라,「学生です」가,

「学生だ」⇒「学生です。」

의 과정으로 구체화된 표현인 것에 비해,「学生ではありません」의 경우는,「学生だ」의 문장체인,「学生である」에서 구체화된 표현으로,

「学生である」⇒「学生であります」⇒「学生ではありません」

와 같은 과정을 거친 표현이다

「学生です」의 부정으로는 또 하나, 회화체의 허물없는 대화에 사용되는「学生ではないです」가 있어, 이 역시「学生だ」의 문장체인,「学生である」에 발화자의 태도인「부정」과「정중」이 구체화된 표현이다.

「学生である」⇒「学生ではない」⇒「学生ではないです」

> 「である체」라고도 불리는 문장체는 문장표현에 주로 사용되는 문체를 말하는 것으로, 회화체의 명사문이 주로「だ·です·ます」로 끝을 맺는 것에 대하여 문장체의 명사문은 주로「である」로 끝을 맺어, 전자를「です·ます체」, 후자를「である체」라고도 한다.

「学生ではありません」과「学生ではないです」에 있어서의「あ

りません」과「ないです」는 모두「ある」라는 동사가「부정」「정중」이라는 구체화의 과정을 거친 표현으로 결과적으로는 동일한 개념을 나타내는 표현이지만,「ありません」이「ある」를 출발점으로 하여「정중」「부정」의 순서로 구체화된 표현인것에 비해,「ないです」는「부정」「정중」의 순서로 구체화된 표현으로, 구체화의 순서가 서로 다르다.

「ある」⇒「あります」⇒「ありません」

「ある」⇒「ない」⇒「ないです」

앞서 언급한「学生でした。」와「学生だったです。」의 경우와 마찬가지로,「ないです」는「ありません」에 비하여 격의 없는 가벼운 표현이다.

과거형으로는,「学生ではありません」의 경우, 문말의「ありません」에「です」의 과거형인「でした」를 연결한「学生ではありませんでした。」와, 부정의 조동사「ない」를 과거형인「なかった」로 바꾼「学生ではなかったです。」가 각각 사용된다.

「学生ではありません」⇒「学生ではありませんでした」

「学生ではないです」⇒「学生ではなかったです」

이 경우에도,「なかったです」는「ありませんでした」에 비해 격의 없는 표현으로, 회화체에서 주로 사용된다는 용법상의 차이만이 존재한다.

学生で、先生ではありません

두 개 이상의 명사문이 하나의 문으로 연결되어 나타나는 중문(重文)의 경우, 일본어에서는 두 개의 문 사이에「で」「ではなく」「でも」를 넣어 이를 나타낸다.

学生です＋先生です＝
「学生で、先生です」학생이며, 선생입니다.

学生です＋先生ではありません＝
「学生で、先生ではありません」학생이며, 선생이 아닙니다.

学生ではありません＋先生です＝
「学生ではなく、先生です」학생이 아니고, 선생입니다.

学生ではありません＋先生ではありません＝
「学生でも、先生でもありません」학생도 선생도 아닙니다.

「わたし」에 연결된「は」는 우리말의「은/는」과 같이,「は」를 취하는 명사인「わたし」가, 뒤에 이어지는 특정한 사태의 테마임을 나타내는 역할을 한다.

「わたしは学生です」의 경우,「は」는「学生です。」라는 사태의 테마인「わたし」에 붙어, 문 전체에 있어서「わたし」가 수행하고 있는 역할을 나타낸다.

이처럼 명사에 붙어서 문 전체의 내용에 있어서 명사가 차지하는 역할을 나타내는 기능을 지닌 표현요소로는, 명사문의 경우,
「は」「が」「も」「だけ」「こそ」

등이 있어, 앞서 등장한 예문「わたしは学生です」를 예로 들면,「わたし」와「学生です」의 관계는, 어떠한 조사를 사용하는가에 따라 다음과 같이 달라진다.

わたしは 学生です。	저는 학생입니다.	(테마)
わたしが 学生です。	제가 학생입니다.	(지정)
わたしも 学生です。	저도 학생입니다.	(추가)
わたしだけ 学生です。	저만 학생입니다.	(한정)
わたしこそ 学生です。	저야말로 학생입니다.	(강조)

한국어의「은/는」과 마찬가지로, 일본어에서도 명사에 붙는「は」는 생략되는 경우가 적지 않아, 회화체에서는「わたしは学生です」에서의「は」가 생략되어「わたし、学生です」가 되기도 한다.

우리말의「나만이 학생입니다.」의 경우처럼, 일본어의 경우에도 두 개의 조사가 함께 사용될 수가 있어,

> わたしだけが学生です。 저만이 학생입니다. (지정/한정)
> わたしこそが学生です。 저야말로 학생입니다. (지정/강조)

등이 그러하다.

(2) 형용사문(形容詞文)

① 형용사

형용사는 대상을 성질이나 상태를 서술하는 기능을 지닌 어휘로, 문에서의 주된 기능으로는,

あかい。 빨갛다.

와 같이, 단독으로 사물의 성질이나 상태를 서술하여 나타내는 기능과,

あかい 花。 빨간 꽃.
あかかった 花。 빨갛던 꽃.

와 같이, 명사의 의미를 구체화하는 기능,

あかく そまる。 빨갛게 물들다.

와 같이, 동사의 의미를 구체화하는 기능이 있다.

②형용사의 활용(活用)

일본어의 형용사는, 기본형의 어미가 모두「い」로 끝나지만, 어미「い」는 상황에 따라 여러 가지 형태로 변화하기도 하여, 형용사의 이러한 변화를 형용사의 활용(活用)이라고 한다.

앞서 예로 든 형용사「あかい」의 경우,「あか」는 어간(語幹)으로 변화하지 않으나, 어미인「い」는,

형용사가 나타내는 성질이나 상태가 과거의 사태임을 나타내는 형태인,

あか<u>かった</u>。 빨갰다.

형용사가 나타내는 성질이나 상태가 동사의 의미를 구체화하거나 부정의 조동사「ない」에 이어지는 형태인,

あか<u>く</u> なる。 빨갛게 되다.

あか<u>く</u> ない。 빨갛지 않다.

형용사가 나타내는 성질이나 상태가 다른 사태의 원인이나 이유임을 나타내는,

あか<u>くて</u> おいしい。 빨개서 맛있다.

형용사가 나타내는 성질이나 상태가 가정임을 나타내는,

あか<u>ければ</u>。 빨갛다면.

형용사가 나타내는 성질이나 상태가 추량임을 나타내는,

あか<u>かろう</u>。 빨갛겠지.

등으로 변화를 한다.

あかい

일본어의 형용사의 기본형인「あかい」는, 뒤에 이어지는 명사의 의미를 구체화할 경우에도 기본형의 형태를 유지한다는 점에서, 같은 경우에「빨갛다」가「빨간」으로 변하는 우리말과는 다르다.

あかい(기본형) ⇒ あかい花(명사수식형)
빨갛다(기본형) ⇒ 빨간 꽃(명사수식형)

あかいです

「**あかい**」⇒「**あかいです**」 빨갛습니다.

형용사의 기본형에 이어지는「です」는, 명사문「学生です」에 있어서의「です」와 마찬가지로, 상대방에 대한 발화자의 정중한 태도를 나타내는 표현이다.

명사문의 경우, 앞서 말한 바와 같이,「学生です」의 과거형으로는「学生でした」또는 회화체의「学生だったです」가 모두 허용이 된다. 하지만 형용사의 경우,「あかいです」의 과거형은,「あかい」의 과거형인「あかかった」에,「です」가 이어진「あかかったです」로,

「あかい」⇒「あかかった」⇒「あかかったです」

「あかいでした」는 사용되지 않는다.

```
学生です  ⇒ 学生でした （○）   がくせいだったです(○)
あかいです ⇒ あかいでした(?)   あかかったです   (○)
```

「あかいです」의 추량형은,

「あかい」⇒「あかいです」⇒「あかいでしょう」

「あかいでしょう」의 과거형은, 명사문의 경우와 마찬가지로,「あかい」의 과거형인「あかかった」에,「でしょう」를 연결하여 나타낸다.

「あかい」⇒「あかかった」⇒「あかかったです」⇒
　　　　　　　　　「あかかったでしょう」

あかく

우리말의 형용사「빨갛다」가 동사에 이어질 경우「빨갛게 되

다」와 같이「빨갛게」로 변화하는 것과 마찬가지로, 일본어의
형용사도 동사 앞에 놓여, 동사의 의미를 구체화할 경우, 어미
「い」는「く」로 변화한다.

「빨갛다」 ⇒ 「빨갛게 되다」
「あかい」 ⇒ 「あか<u>く</u> なる」

일반적인 용법은 아니지만, 형용사가 형용사를 수식하는 경우
도 있어, 이때에도 어미「い」는「く」로 변화한다.

「すごい」⇒「すご<u>く</u> あかい」 대단히 빨갛다

부정을 나타내는「ない」에 이어질 경우에도 형용사의 어미「い」
는「く」로 변화하여,「あかい」의 부정형은,

「あかい」 ⇒ 「あかくない」

이며,「あかくない」의 경어체로는

「あかい」 ⇒「あかくない」⇒「あかくありません」

「あかい」 ⇒「あかくない」⇒「あかくないです」

의 두 가지가 있어, 명사문의 부정에 사용되는「～ではありませ
ん」「～ではないです」는 형용사문의 부정에서는 사용할 수 없다.

> 学生です ⇒ 学生ではありません(○) がくせいではないです(○)
> あかいです ⇒ あかいではないです(×) あかいではありません(×)

「あかくありません。」와「あかくないです。」의 추량형은,

「あかくありません」⇒「あかくありませんでしょう」
「あかくないです」⇒「あかくないでしょう」

로, 우리말의「빨갛지 않을 것입니다.」에 해당된다.

あかくて

두 개 이상의 형용사가 이어질 경우, 또는 형용사 뒤에 형용동사가 이어질 경우, 선행하는 형용사의 어미「い」는「くて」로 변화한다.

あかくて おいしい りんご。 빨갛고 맛있는 사과.

かるくて 便利だ。 가볍고 편리하다.

어미「い」의 변화형인「くて」는, 형용사가 나타내는 성질이나 상태가, 특정한 사태의 원인이나 이유라는 인과관계를 나타내기도 하여, 앞서 예로 든「あかくて おいしい りんご」의 경우,

① **あかくて おいしい りんご。** 빨갛고 맛있는 사과.
② **あかくて おいしい りんご。** 빨개서 맛있는 사과.

의 두 가지의 해석이 가능하여, ①에 있어서의「あかい」는「おいしい」와 함께 명사「りんご」의 의미를 구체화하고 있지만, ②의「あかい」는「おいしい」이유로, 문맥이나 상황의 판단에 의한 구별이 요구된다.

예외적인 활용형을 가진 형용사로「いい」가 있어,「いい」는 형태의 변화를 할 수 없는 형용사이다. 따라서「いい」는,

ここが いい。　　여기가 좋다.
天気が いいです。　날씨가 좋습니다.
いい ひと。　　　좋은 사람.

등과 같이, 형태의 변화가 없는 경우에만 사용이 허용되며, 어미의 변화가 필요한 경우에는, 유사한 의미를 가진 형용사「よい」가 대신하여 사용된다.

> いかった(×) ⇒ よかった(○)
> いくなる(×) ⇒ よくなる(○)
> いければ(×) ⇒ よければ(○)

(3) 형용동사문(形容動詞文)

① 형용동사

형용동사(形容動詞)는 우리말의 문법에서는 볼 수 없는 품사분류로, 일본어에서도 형용동사는 그 명칭의 타당성이나 품사로서의 독립성에 대한 이론(異論)이 적지 않다.

형용동사의 기본형은「～だ」로, 성질이나 상태를 나타내는 명사나 의성어, 의태어 등을 어간으로 삼는 형용사라는 점에서, 우리말의,

「**성실하다**」「**민첩하다**」「**쌀쌀하다**」「**튼튼하다**」

등의,「하다」를 어미로 가지는 형용사와 유사하다.

우리말에서「다」어미의 형용사와「하다」어미의 형용사를 모두 형용사의 하위범주에 귀속시키는 것과 같이, 일본어(특히 일본어교육분야)에서도 형용동사를 형용사의 일종으로 보는 견해가 있어, 명사를 수식할 경우의 어미변화형(連体形)을 따서 종래의 형용사와 형용동사를 각각「イ形容詞」와「ナ形容詞」로 분류하고 있으나, 여기서는 전통적인 학교문법의 입장에 따라,「형용동사」라는 용어를 사용한다.

형용동사는, 형용사와 마찬가지로, 사물의 성질이나 상태를 서술하는 기능을 가진 표현으로, 문에서의 기능이라는 면에 있어서도 형용사와 유사하여,

彼は まじめだ。 그는 착실하다.

와 같이, 단독으로 사물의 성질이나 상태를 서술하는 기능과,

まじめな 人。 착실한 사람.
まじめだった 人。 착실했던 사람.

와 같이, 명사의 의미를 구체화하는 기능,

まじめに はたらく。 착실하게 일하다.

와 같이, 동사의 의미를 구체화하는 기능이 있다.

② 형용동사의 활용

 형용동사의 활용은, 앞서 언급한 명사문과 매우 흡사하여, 명사문에 있어서의「だ」가,

「学生だ。」 학생이다.

와 같이「~이다」로 사물의 명칭을「단정」하여 제시하는 발화자의 태도를 나타내는 한편, 형용동사의「だ」는,

「まじめだ。」 착실하다.

와 같이「~하다」로, 사물의 성질이나 상태에 대한 발화자의「서술」이라는 의미상의 차이가 있을 뿐, 그 활용에 있어서는,

まじめだ.	착실하다.(서술)
まじめではない.	착실하지 않다.(서술/부정)
まじめだった.	착실했다.(서술/과거)
まじめです.	착실합니다.(서술/정중)
まじめではありません.	착실하지 않습니다.(서술/부정/정중)
まじめでした.	착실했습니다.(서술/정중/과거)
まじめでしょう.	착실하겠지요.(서술/정중/추량)

등과 같이, 명사문에서의 규칙이 그대로 적용된다.

이밖에, 명사문에서는 볼 수 없는 형용동사의 용법으로는, 명사나 동사의 앞에 놓여, 명사나 동사의 의미를 구체화하는 형용사적인 용법을 들 수가 있어,

まじめだ ⇒ まじめな 人。 착실한 사람.

와 같이, 명사 앞에 놓여, 명사의 의미를 구체화하는 경우, 어미「だ」는「な」로 변화하며,

まじめだ ⇒ まじめに はたらく。 착실히 일하다.

와 같이, 동사 앞에 놓여, 동사의 의미를 구체화하는 경우, .어미「だ」는「に」로 변화한다.

(4) 동사문(動詞文)

① 동사

동사는 대상의 움직임이나 변화를 서술하는 표현으로, 문에서의 주된 기능으로는,

たべる。 먹다.

와 같이, 단독으로 사물의 움직임이나 변화를 서술하거나,

たべる 人。 먹는 사람/먹을 사람.
たべた 人。 먹은 사람.

와 같이, 뒤에 이어지는 명사의 의미를 구체화하는 기능이 있으며, 형용사나 형용동사와 마찬가지로, 상황에 따라 여러 가지 형태로 활용한다.

> *일본어* 동사의 시제는 과거형과 비과거형으로 나뉘어져, 형태상으로는 현재형과 미래형의 구분이 없다. 「たべる人」의 경우, 현재형인 「먹는 사람」과 미래형인 「먹을 사람」의 구분은 문맥에 의존한다.

② 동사의 활용

일본어의 동사는, 기본형의 어미가 모두「ウ段」의 음으로, 활용의 양상에 따라「변칙활용동사」와「규칙활용동사」로 나뉘며,「변칙활용동사」는「サ행변칙활용동사」와「カ행변칙활용동사」로,「규칙활용동사」는「일단활용동사」와「오단활용동사」로 각각 나뉘어진다.

> 「ウ段의 음」으로는, う・く・ぐ・す・ず・つ・づ・ぬ・ふ・ぶ・ぷ・む・ゆ・る가 해당이 되지만, 현대일본어에 있어서의 동사 기본형의 경우, ふ・ぶ・ゆ 를 어미로 하는 동사는 없으며, ず・づ 의 경우에도 일부의 고어(古語)에서만 볼 수 있다.

動詞	変則活用動詞	サ行変則活用動詞	する
		カ行変則活用動詞	くる
	規則活用動詞	一段活用動詞	みる・いる・おしえる 등
		五段活用動詞	なる・よむ・しぬ 등

어미(語尾)만이 변화를 하는「일단활용동사」「오단활용동사」의 활용과는 달리,「변칙활용동사」는, 어미와 어간(語幹)이 모두 변화하는 동사로,

　　어간「す」가「サ행」의「し・す・せ」로 각각 변화하는

「サ행변칙활용동사」로는 「する(하다)」가 있고,

어간 「く」가 「カ행」의 「き・く・こ」로 각각 변화하는

「カ행변칙활용동사」로는 「くる(오다)」가 있다.

「규칙활용동사」 중에서,

**기본형의 어미가 「る」이며,
어미의 앞 음절이 「イ단」이나 「エ단」에 속하는 동사**

를 「일단활용동사」라 하며,

이를 제외한 나머지가 「오단활용동사」이다.

예를 들어 동사 「みる(보다)」는, 어미가 「る」이며, 어미의 앞 음절인 「み」는 「イ단」에 속하는 음절이므로, 「일단활용동사」이며, 「おしえる(가르치다)」도 역시 어미가 「る」이며, 어미의 앞 음절인 「え」가 「エ단」에 속하는 음이므로, 「일단활용동사」에 속한다.

한편, 동사 「なる(되다)」는 어미는 「る」이지만, 어미의 앞 음절인 「な」는 「ア段」에 속하는 음으로, 「イ단」이나 「エ단」의 음이 아니므로 「오단활용동사」이다.

「かえる(돌아오다)」 「ける(차다)」 「はしる(달리다)」 「はいる(들어오다)」 등의 동사는, 형태상으로는 「일단활용동사」에 속

하지만, 실제의 활용에 있어서는「오단활용」을 하여,「오단활용 동사」로 분류되는 예외적인 동사이다.

> 「一段」「五段」이란, 오십음도에서의「段」을 말하는 것으로, 「う段」을 기준으로 한 단계 위인「い段」과 한 단계 아래인「え段」의 두 단을「一段」, 다섯 개의 단 모두를「五段」이라고 한다.

```
あ段  ⇔  上2段
い段  ⇔  上1段
う段  ⇔   0段
え段  ⇔  下1段
お段  ⇔  下2段
```

「一段活用」이란, 활용어미에 이어지는 동사의 마지막음절이 항상「一段」의 음, 즉「い段」이나「え段」의 음일 경우를 말하고,「五段活用」이란, 활용어미에 이어지는 동사의 마지막음절이 「あ段」「い段」「う段」「え段」「お段」의 다섯 개의 단에 걸쳐서 변화하는 활용을 말한다.

	일단활용		오단활용
	상일단활용	하일단활용	
부정	おきない	たべない	かかない
공손	おきます	たべます	かきます
기본	おきる	たべる	かく
명령	おきろ	たべろ	かけ
권유	おきよう	たべよう	かこう

우리말의「하다」와 같이,「サ행변칙활용동사」인「する」는 움직임이나 변화를 나타내는 명사에 이어져서 명사가 동사의 어간으로 기능할 수 있게 한다.

>   成長 ⇒ 成長する (성장 ⇒ 성장하다)
>   就職 ⇒ 就職する (취직 ⇒ 취직하다)
>   抗議 ⇒ 抗議する (항의 ⇒ 항의하다)
>   移動 ⇒ 移動する (이동 ⇒ 이동하다)

기본형(基本形)

우리말 동사의 기본형이 서술의 기능만을 가지고 있는 것에 비해, 일본어의 동사 기본형은, 서술의 기능과 더불어, 명사 앞에 놓여서 이어지는 명사의 의미를 구체화하는 기능을 가진다.

>   する(하다) ⇒ する 人(하는 사람/할 사람)
>   くる(오다) ⇒ くる 人(오는 사람/올 사람)
>   みる(보다) ⇒ みる 人(보는 사람/볼 사람)
>   よむ(읽다) ⇒ よむ 人(읽는 사람/읽을 사람)

이밖에도 일본어동사의 기본형에 다른 표현요소에 이어져 동사가 가지는 의미가 구체화되는 경우로는, 다음과 같은 용법이 있다.

▮ 동사의 기본형에「なら」가 이어지면, 동사가 나타내는 행위나 변화는「未来의 仮定」이 된다.

```
する(하다) ⇒ する なら(한다면)
くる(오다) ⇒ くる なら(온다면)
みる(보다) ⇒ みる なら(본다면)
よむ(읽다) ⇒ よむ なら(읽는다면)
```

▣ 동사의 기본형에 「と」가 이어지면, 동사가 나타내는 행위나 변화는 「条件/仮定」이 된다.

```
する(하다) ⇒ すると(하면)
くる(오다) ⇒ くると(오면)
みる(보다) ⇒ みると(보면)
よむ(읽다) ⇒ よむと(읽으면)
```

▣ 동사의 기본형에 「まい」가 이어지면, 동사가 나타내는 행위나 변화의 서술은 「否定의 推量」이 된다.

```
する(하다) ⇒ するまい(하지 않을 것이다)
くる(오다) ⇒ くるまい(오지 않을 것이다)
みる(보다) ⇒ みるまい(보지 않을 것이다)
よむ(읽다) ⇒ よむまい(읽지 않을 것이다)
```

▣ 동사의 기본형에 「そうだ」가 이어지면, 동사가 나타내는 행위나 변화의 서술이 「伝聞」에 의한 것임을 나타낸다.

```
する(하다) ⇒ するそうだ(한다고 한다)
くる(오다) ⇒ くるそうだ(온다고 한다)
みる(보다) ⇒ みるそうだ(본다고 한다)
よむ(읽다) ⇒ よむそうだ(읽는다고 한다)
```

「そうだ」의 활용은, 형용동사의 경우와 동일하다.

■ 동사의 기본형에「ようだ」가 이어지면, 동사가 나타내는 행위나 변화의 서술이「推量」에 의한 것임을 나타낸다.

```
する(하다) ⇒ するようだ(하는 모양이다)
くる(오다) ⇒ くるようだ(오는 모양이다)
みる(보다) ⇒ みるようだ(보는 모양이다)
よむ(읽다) ⇒ よむようだ(읽는 모양이다)
```

「ようだ」의 활용은, 형용동사의 경우와 동일하다.

■ 동사의 기본형에「べきだ」가 이어지면, 동사가 나타내는 행위나 변화의「当然性」을 나타낸다.

```
する(하다) ⇒ するべきだ(해야 한다)
くる(오다) ⇒ くるべきだ(와야 한다)
みる(보다) ⇒ みるべきだ(봐야 한다)
よむ(읽다) ⇒ よむべきだ(읽어야 한다)
```

「べきだ」의「だ」는, 명사문의「だ」와 동일한 활용을 한다.

▌ 동사의 기본형에「だろう/でしょう」가 이어지면, 동사가 나타내는 행위나 변화의 서술이 발화자의「予測」임을 나타낸다.

```
する(하다)⇒するだろう/するでしょう(할 것이다/할 것입니다)
くる(오다)⇒くるだろう/くるでしょう(올 것이다/올 것입니다)
みる(보다)⇒みるだろう/みるでしょう(볼 것이다/볼 것입니다)
よむ(읽다)⇒よむだろう/よむでしょう(읽을 것이다/읽을 것입니다)
```

▌ 동사의 기본형에「らしい」가 이어지면, 동사가 나타내는 행위나 변화의 서술이 발화자의「推定」임을 나타낸다.

```
する(하다) ⇒ するらしい(할 것 같다)
くる(오다) ⇒ くるらしい(올 것 같다)
みる(보다) ⇒ みるらしい(볼 것 같다)
よむ(읽다) ⇒ よむらしい(읽을 것 같다)
```

> 「らしい」의 활용은, 형용사의 활용과 동일하다.

미연형(未然形)

미연형이란, 미연(未然)이라는 용어로도 알 수 있듯이, 동사가 나타내는 사태나 변화가 아직 발생하지 않았을 경우를 말하는 것으로, 동사에「부정(否定)」을 나타내는「ない」나,「권유(勸誘)」를 나타내는「う/よう」가 이어지는 경우의 동사의 변화형을 미연형이라고 한다.

▌ 동사에「ない」가 이어지면, 동사가 나타내는 행위나 변화에 대한 발화자의「否定」을 나타낸다.

동사에「ない」가 이어질 경우, 동사는 각각 다음과 같이 변화한다.

「サ행변칙활용동사」의「する」의 경우, 어간「す」는「し」로 바뀌고, 어미「る」는 탈락한다.

する + ない ⇒ しない(하지 않다)

「カ행변칙활용동사」의「くる」의 경우, 어간「く」는「こ」로 바뀌고, 어미「る」는 탈락한다.

くる + ない ⇒ こない(오지 않다)

「일단활용동사」의 경우, 어미「る」가 탈락한다.

みる ＋ ない ⇒ みない(보지 않다)

「오단활용동사」의 경우, 어미가「う段音」에서「あ段音」으로 바뀐다.

よむ ＋ ない ⇒ よまない(읽지 않다)

> 조동사「ない」의 활용은, 형용사의 활용과 동일하다.

■ 동사에「う/よう」가 이어지면,

동사가 나타내는 행위나 변화에 상대방이 동참할 것을「권유(勸誘)」하는 발화자의 태도를 나타내거나,

동사가 나타내는 행위나 변화에 대한 발화자의「의지(意志)」를 나타낸다.
동사에「う/よう」가 이어질 경우, 동사는 각각 다음과 같이 변화한다.
「サ행변칙활용동사」인「する」의 경우, 어간「す」는「し」로 바뀌고, 어미「る」는 탈락한다

する ＋ う ⇒ しよう(하자/해야겠다)

「カ행변칙활용동사」인 「くる」의 경우, 어간 「く」는 「こ」로 바뀌고, 어미 「る」는 탈락한다.

くる + う ⇒ こよう(오자/와야겠다)

「일단활용동사」의 경우, 어미 「る」가 탈락한다.

みる + う ⇒ みよう(보자/봐야겠다)

「오단활용동사」의 경우, 어미가 「う段音」에서 「お段音」으로 바뀐다.

よむ + う ⇒ よもう(읽자/읽어야겠다)

연용형(連用形)

연용형(連用形)이란, 동사에 「ます」 「そうだ」 「たい」 「たがる」 「た」 「たら」 「たり」 「て」 등의 표현성분이 이어지는 경우의 동사변화형으로, 「오단활용동사」에 「た」 「たら」 「たり」 「て」가 이어질 경우에는 「음편현상」이 일어난다.

> **「음편현상」이란**, 문자 그대로 「발음을 편하게 한다」는 뜻으로, 우리말에서 「국민」이 「궁민」으로 발음되는 자음접변현상도 음편의 일종으로 볼 수 있다.

■ 동사에 「ます」가 이어지면, 상대방에 대한 발화자의 정중

한 태도가 포함이 되어 경어가 된다.

하다. ⇒ 합니다.

> 「ます」는 다음과 같이 활용한다.
> ～ますか ⇒ ～합니까.
> ～ました ⇒ ～했습니다.
> ～ません ⇒ ～하지않습니다
> ～ましょう ⇒ ～합시다.

📙 동사에「そうだ」가 이어지면, 동사가 나타내는 행위에 대한 발화자의「예측」을 나타낸다.

하다. ⇒ 할 것 같다.

> 「そうだ」의 활용은, 형용동사와 동일하다.

📙 동사에「たい」가 이어지면, 동사가 나타내는 행위에 대한「희망」을 나타낸다.

하다. ⇒ 하고싶다.

> 「たい」의 활용은, 형용사와 동일하다.

📙 동사에「たがる」가 이어지면, 동사가 나타내는 행위를 하고

싫어하는「행위희망」의 동사(오단활용동사)가 된다.

하다. ⇒ 하고싶어 하다.

▌동사에「た」가 이어지면, 동사가 나타내는 행위나 변화는「과거」가 된다.

하다. ⇒ 했다.

동사의 과거형은 명사를 수식하는 기능도 가진다.

▌동사에「たら」가 이어지면, 동사가 나타내는 행위에 대한 발화자의「가정」이 포함이 된다.

하다. ⇒ 하면.

▌동사가「たり」에 연결되면, 동사가 나타내는 행위가 다른 동사가 나타내는 행위와「병행」하고 있음을 나타낸다.

하다. ⇒ 하기도 하고.

▌동사가「て」에 연결되면, 동사가 나타내는 행위가 다른 동사가 나타내는 행위에「선행」되고 있음을 나타낸다.

하다. ⇒ 하고/해서

이상의 활용형 중에서, 동사에 「ます」「そうだ」「たい」「たがる」가 이어질 경우의 활용은,

「サ행변칙활용동사」인 「する」의 경우, 어간 「す」는 「し」로 바뀌고, 어미 「る」는 탈락하고, 각각 「ます」「そうだ」「たい」「たがる」가 연결된다.

```
する + ます   ⇒ します
する + そうだ ⇒ しそうだ
する + たい   ⇒ したい
する + たがる ⇒ したがる
```

「カ행변칙활용동사」인 「くる」의 경우, 어간 「く」는 「き」로 바뀌고, 어미 「る」는 생략되고, 각각 「ます」「そうだ」「たい」「たがる」가 연결된다.

```
くる + ます   ⇒ きます
くる + そうだ ⇒ きそうだ
くる + たい   ⇒ きたい
くる + たがる ⇒ きたがる
```

「일단활용동사」의 경우, 어미 「る」가 생략되고, 각각 「ます」「そうだ」「たい」「たがる」가 연결된다.

```
みる ＋ ます   ⇒ みます
みる ＋ そうだ ⇒ みそうだ
みる ＋ たい   ⇒ みたい
みる ＋ たがる ⇒ みたがる
```

「오단활용동사」의 경우, 어미가「う段」에서「い段」으로 바뀌고, 각각「ます」「そうだ」「たい」「たがる」가 연결된다.

```
よむ ＋ ます   ⇒ よみます
よむ ＋ そうだ ⇒ よみそうだ
よむ ＋ たい   ⇒ よみたい
よむ ＋ たがる ⇒ よみたがる
```

동사에「た」「たら」「たり」「て」가 각각 이어질 경우에도 이러한 활용규칙은 변함이 없으나, **5단활용동사가「た」「たら」「たり」「て」에 이어질 경우에 한하여「音便」현상이 발생한다.**

음편(音便)

음편이란, 5단동사가 활용어미「た」「たら」「たり」「て」에 연결될 경우에 발생하는 발음의 변화현상으로,

어미가「に・み・び」로 변화되어「た・たら・たり・て」에 연결될 경우,「に・み・び」가 모두 발음「ん」으로 바뀌고 이어지는「た・たら・たり・て」는 탁음화되어「んだ・んだら・んだり・ん

で」가 되는「撥音便」과,

　어미가「ち・い・り」로 변화되어「た・たら・たり・て」에 연결될 경우,「ち・い・り」가 모두 촉음「っ」로 바뀌어「った・ったら・ったり・って」가 되는「促音便」과,

　어미가「き」로 변화되어「た・たら・たり・て」에 연결될 경우,「き」는「い」로 바뀌어「いた・いたら・いたり・いて」가 되거나,

　어미가「ぎ」로 변화되어「た・たら・たり・て」에 연결될 경우,「ぎ」가「い」로 바뀌고 이어지는「た・たら・たり・て」는 탁음화되어「いだ・いだら・いだり・いで」가 되는「イ音便」이 있다.

▣ 동사에「た・たら・たり・て」가 이어질 경우,「サ행변칙활용동사」「カ행변칙활용동사」「일단활용동사」는 각각

「サ행변칙활용동사」　する ＋ た ⇒ した
「カ행변칙활용동사」　くる ＋ た ⇒ きた
「일단활용동사」　　　みる ＋ た ⇒ みた

「サ행변칙활용동사」　する ＋ たら ⇒ したら
「カ행변칙활용동사」　くる ＋ たら ⇒ きたら
「일단활용동사」　　　みる ＋ たら ⇒ みたら

「サ행변칙활용동사」　する ＋ たり ⇒ したり
「カ행변칙활용동사」　くる ＋ たり ⇒ きたり
「일단활용동사」　　　みる ＋ たり ⇒ みたり

「サ행변칙활용동사」　する ＋ て ⇒ して
「カ행변칙활용동사」　くる ＋ て ⇒ きて

「일단활용동사」　　み る ＋ て ⇒ み て

와 같이 활용하여, 앞서 설명한 「ます」「そうだ」「たい」「たがる」가 동사에 이어지는 경우와 동일한 활용을 하지만,

▌「오단활용동사」에 「た」「たら」「て」「たり」가 이어질 경우, 앞서 말한 음편이 발생하여,

よむ ＋ た ⇒ よみた ⇒ よんだ
いう ＋ た ⇒ いいた ⇒ いった
かく ＋ た ⇒ かきた ⇒ かいた
かぐ ＋ た ⇒ かぎた ⇒ かいだ

よむ ＋ たら ⇒ よみたら ⇒ よんだら
いう ＋ たら ⇒ いいたら ⇒ いったら
かく ＋ たら ⇒ かきたら ⇒ かいたら
かぐ ＋ たら ⇒ かぎたら ⇒ かいだら
よむ ＋ たり ⇒ よみたり ⇒ よんだり
いう ＋ たり ⇒ いいたり ⇒ いったり
かく ＋ たり ⇒ かきたり ⇒ かいたり
かぐ ＋ たり ⇒ かぎたり ⇒ かいだり

よむ ＋ て ⇒ よみて ⇒ よんで
いう ＋ て ⇒ いいて ⇒ いって
かく ＋ て ⇒ かきて ⇒ かいて
かぐ ＋ て ⇒ かぎて ⇒ かいで

와 같이 변화한다.

가정형(仮定形)

▣ 동사에「ば」가 이어지면, 동사가 나타내는 행위나 변화가 발화자의「仮定」임을 나타낸다.

동사에「ば」가 이어질 경우, 모든 동사는, 어미가「う段音」에서「え段音」으로 바뀐다.

```
「サ행변칙활용동사」 する + ば ⇒ すれば
「カ행변칙활용동사」 くる + ば ⇒ くれば
「일단활용동사」      みる + ば ⇒ みれば
「오단활용동사」      よむ + ば ⇒ よめば
```

명령형(命令形)

▣ 동사의 명령형은, 동사가 나타내는 행위를 하도록 상대방에게 요구하는 표현으로,

「サ행변칙활용동사」와,「カ행변칙활용동사」는 각각

   する ⇒ しろ・せよ
   くる ⇒ こい

와 같이 변화하며,「일단활용동사」의 경우, 어미「る」가 탈락하고,「ろ」나「よ」가 이어지고,

みる ⇒ みろ・みよ

「오단활용동사」의 경우, 어미가「え段」의 음으로 바뀐다.

よむ ⇒ よめ

수동형(受動形)

■ 동사에「れる」「られる」가 이어지면, 동사가 나타내는 행위나 변화는 수동의 의미를 갖는다.

「サ행변칙활용동사」인「する」의 경우, 어간「す」는「さ」로 바뀌고「れる」가 이어지며,

する ⇒ される

「カ행변칙활용동사」인「くる」는, 어간인「く」가「こ」로 바뀌고「られる」가 이어진다.

くる ⇒ こられる

「일단활용동사」와「오단활용동사」의 경우에는, 어미가「う段」에서「あ段」으로 바뀌고「れる」가 이어진다.

みる ⇒ みられる
よむ ⇒ よまれる

> 동사의 수동형도 역시 동사로, 일단활용을 한다.

사역형(使役形)

　동사에「せる」「させる」가 이어지면, 동사가 나타내는 행위나 변화는 사역의 의미를 갖는다.

「サ행변칙활용동사」인「する」의 경우, 어간「す」는「さ」로 바뀌고「せる」가 이어지며,

　　する ⇒ させる　하게 하다/시키다.

「カ행변칙활용동사」인「くる」는, 어간인「く」가「こ」로 바뀌고「させる」가 이어진다.

　　くる ⇒ こさせる　오게 하다.

「일단활용동사」의 경우에는, 어미가 탈락되고,「させる」가 이어진다.

　　みる ⇒ みさせる　보게 하다.

「오단활용동사」의 경우에는, 어미가「う段」에서「あ段」으로 바뀌고「せる」가 이어진다.

　　よむ ⇒ よませる　읽게 하다.

> 동사의 사역형도 역시 동사로, 일단활용을 한다.

가능형(可能形)

「오단활용동사」의 경우, 어미를 「う段」에서 「え段」으로 바꾸고 「る」를 이어주면, 동사가 나타내는 행위나 변화는 가능의 의미를 갖게되어 가능동사가 된다.

よむ ⇒ よめる 읽을 수 있다.

「サ행변칙활용동사」인 「する」의 경우, 가능형은 없어,

「できる」할 수 있다/가능하다.

를 대용(代用)한다.

「カ행변칙활용동사」인 「くる」는, 어간인 「く」가 「こ」로 바뀌고 「れる」가 이어진다.

くる ⇒ これる 올 수 있다.

「일단활용동사」의 가능형은, 수동형과 활용의 형태가 같아, 어간이 「う段」에서 「あ段」으로 바뀌고 「れる」가 이어진다.

みる ⇒ みられる 볼 수 있다.

일본어투 생활용어 순화 자료

(문화체육부/1995.8.25)   ※ 일부 수정

가감(加減・かげん)	더하고 빼기
가감승제(加減乘除・かげんじょうじょ)	덧셈・뺄셈・곱셈・나눗셈
가계약(仮契約・かりけいやく)	임시계약
가고(籠子・かご)	바구니
가도/카도(角・かど)	모퉁잇집
가라(カラー・영collar)	(옷)깃・칼라
가라(空・から)	가짜・헛-
가라(柄・から)	무늬
가라스(ガラス・네glas・영glass)	유리
가라오케(空オケ・からオケ・영-orchestra)	녹음 반주(노래방)
가라테/가라데(唐手・空手・からて)	당수
가료(加療・かりょう)	치료・(병)고침
가리(仮・かり)	①임시 ②빌림
가마보코/가마보꼬(かまぼこ)	어묵
가봉(仮縫・かりぬい)	시침질
가부라/카부라(鏑・かぶら)	(밭)접단・끝접기
가부시키/가부시끼(株式・かぶしき)	①주식 ②나눠내기
가불(仮払・かりばらい)	임시 지급
가오(顔・かお)	①얼굴 ②체면
가이단/가이당(階段・かいだん)	층계・계단
가차압(仮差押・かりさしおさえ)	임시압류
가처분(仮処分・かりしょぶん)	임시처분
가케우동/가께우동(かけうどん)	가락국수
가쿠/가꾸(額・がく)	틀・액자
가쿠목/가꾸목(角木・かくもく)	각목・각재(角材)
가타/가다(肩・かた)	불량배
가타/가다(型・かた)	틀・형・거푸집

가타마에/가다마이(片前・かたまえ)	홑여밈(옷)・홑자락
가타쿠리/가다꾸리(かたくり粉・かたくりこ)	녹말・감자가루
가필(加筆・かひつ)	고쳐 씀
각반(脚絆・きゃはん)	행전
각위(各位・かくい)	여러분
간데라(カンデラ・영candela)	촉(광)
간조(勘定・かんじょう)	셈・계산
간즈메/간스메(缶詰・カンづめ・영can-)	통조림
간키리/깡기리(缶切・カンきり・영can-)	깡통따개
감봉(減俸・げんぽう)	봉급 깎기
감사(監査・かんさ)	지도검사
갑종(甲種・こうしゅ)	1급・으뜸
개간(開墾・かいこん)	일굼
개찰구(改札口・かいさつぐち)	표 보이는 곳
갸쿠/갸꾸(逆・ぎゃく)	반대치기〈당구〉
거래선(去来先・きょらいさき)	거래처
거류(居留・きょりゅう)	머물러 삶
건초(乾草・干草・ほしくさ)	마른풀
건폐율(建蔽率・けんぺいりつ)	대지건물비율
검침원(檢針員・けんしんいん)	(계량기)조사원
겐세이(牽制・けんせい)	견제
겐페이/겜뻬이/겜페이(源平・げんぺい)	편가르기〈당구〉
격납(格納・かくのう)	넣어둠
격무(激務・げきむ)	힘든 일・고된 일
격자문(格子門・こうしもん)	문살문
견본(見本・みほん)	본(보기)
견습(見習・みならい)	수습
견습기자(見習記者・みならいきしゃ)	수습기자
견양(見様・みよう)	서식・보기・본
견적(見積・みつもり)	추산(推算)・어림셈
견적서(見積書・みつもりしょ)	추산서(推算書)
견학(見学・けんがく)	보고배우기
결근계(欠勤届・けっきんとどけ)	결근신고(서)
결로(結露・けつろ)	이슬 맺힘
결석계(欠席届・けっせきとどけ)	결석신고(서)
결손(欠損・けっそん)	모자람
결집(結集・けっしゅう)	(한데)모음
경관(景観・けいかん)	(아름다운)경치
경상(軽傷・けいしょう)	가벼운 부상

일본어투 생활용어 순화자료 155

경어(敬語・けいご)	높임말・존댓말
경직(硬直・こうちょく)	굳음
경품(景品・けいひん)	덤상품
경합(競合・せりあい)	겨룸・견줌
계주(継走・けいそう)	이어달리기
고바이(勾配・こうばい)	기울기・오르막
고부(五分・ごぶ)	①닷푼 ②반
고뿌(コップ・네kop)	잔・컵
고수부지(高水敷地・-しきち)	둔치(마당)・강턱
고지(告知・こくち)	알림
고참(古参・こさん)	선임(자)・선참(자)
고테/고데(こて)	①(머리)인두 ②흙손 ③지짐머리
곤냐쿠/곤냐꾸(こんにゃく)	①구약나물・구약감자②우무
곤로(こんろ)	풍로・화로
곤색(紺色・こんいろ)	검남색・진남색
곤약(こんにゃく)	①구약나물・구약감자 ②우무
곤조(根性・こんじょう)	본성(本性)・근성
공구리(コンクリト・영concrete)	양회반죽・콘크리트
공란(空欄・くうらん)	빈칸
공람(供覧・きょうらん)	돌려봄
공석(空席・くうせき)	빈자리
공시(公示・こうじ)	알림
공임(工賃・こうちん)	품삯
공장도가격(工場渡価格・こうじょうわたしかかく)	공장값
공제(控除・こうじょ)	뗌・뺌
공중(公衆・こうしゅう)	사람들・일반인
과세(課税・かぜい)	세금 매김
과소비(過消費・かしょうひ)	지나친 씀씀이
과잉(過剰・かじょう)	지나침・초과
괘도(掛図・かけず)	걸그림
구가타/구가다(旧型・きゅうがた)	낡은 모양・구형
구독(購読・こうどく)	사(서) 읽음
구락부(倶楽部・クラブ・영club)	단체・클럽
구루마(車・くるま)	수레・달구지
구사리/쿠사리(腐・くさり)	면박・핀잔
구세/쿠세(癖・くせ)	버릇・습관
구인(拘引・こういん)	끌어감
구입(購入・こうにゅう)	사들임・사들이기
구좌(口座・こうざ)	계좌

구치베니/구찌베니(口紅・くちべに)	(입술)연지・루주
구치판치/구찌빤찌(ロパンチ・영-punch)	입심・말솜씨
궐석재판(闕席裁判・けっせきさいばん)	결석 재판
근거리(近距離・きんきょり)	가까운 거리
금회(今回・こんかい)	이번
급사(給仕・きゅうじ)	사환・사동
기라성(綺羅星・きらぼし)	빛나는 별
기렛파시/기레빠시(切端・きれっぱし)	끄트러기・자투리
기리카에/기리까이(切替・きりかえ)	바꾸기・교체
기마에/기마이(気前・きまえ)	선심・호기
기상(起床・きしょう)	일어남
기입(記入・きにゅう)	써 넣음
기즈/기스(傷・きず)	홈(집)
기증(寄贈・きぞう)	드림
기지(生地・きじ)	천
꼬붕(子分・こぶん)	부하
낑깡(金柑・きんかん)	금귤・동귤
나가레/나가리(流・ながれ)	①유찰 ②깨짐
나라비/나래비(並・ならび)	줄서기
나라시(均・ならし)	고루펴기
나베우동(なべうどん)	냄비국수
나염(捺染・なっせん)	무늬찍기
낙과(落果・らっか)	떨어진 열매
난닝구(ランニング・영running shirts)	러닝 셔츠
남바(ナンバ・영number)	번호・호(수)・넘버
남발(濫発・らんばつ)	마구 냄
남벌(濫伐・らんばつ)	마구 베기
납기(納期・のうき)	내는 날
납득(納得・なっとく)	이해
납입(納入・のうにゅう)	납부・냄・치름
낫토/낫또(ナット・영nut)	암나사・너트
내역(内訳・うちわけ)	명세
내주(来週・らいしゅう)	다음 주
네지(螺子・ねじ)	나사(못)
네지마와시(螺子廻・ねじまわし)	드라이버
네타바이/네다바이(ねたばい)	사기・야바위
노가다(土方・どかた)	(공사판)노동자
노견(路肩・ろかた)	갓길
노깡(土管・どかん)	토관

노리마키/노리마끼(海苔巻・のりまき)	김밥
노리카에/노리까에(乗替・のりかえ)	갈아타기
노임(労賃・ろうちん)	품삯
니꾸사꾸(リックサック・독Rucksack)	배낭
닌진/닌징(人蔘・にんじん)	당근
다라이(たらい)	(큰)대야・함지(박)
다마(珠・球・玉・たま)	①구슬 ②전구 ③당구
다마네기(たまねぎ)	양파
다스/타스(ダース・영dozen)	12개・타(打)
다시(ダッシ・영dash)	줄표・대시
다시(出・出汁・だし)	맛국물
다오루(タオル・영towel)	수건・타월
다이(台・だい)	대・받침(대)
다이루/타이루(タイル・영tile)	타일
다쿠안/다꾸앙(沢庵・たくあん)	단무지
다테/다데(縦・たて)	세로
단도리(段取・だんどり)	채비・단속
단스(たんす)	장롱・옷장
단자(団子・だんご)	경단
단카/당가(担架・たんか)	들것
단푸/담뿌카(ダンプカー・영dump car)	덤프트럭・덤프차
닭도리탕(~鳥湯・~とり~)	닭볶음탕
담합(談合・だんごう)	짬짜미
답신(答申・とうしん)	대답
당분간(当分間・とうぶんかん)	얼마 동안
당혹(当惑・とうわく)	당황
대결(対決・たいけつ)	겨루기・맞서기
대금(代金・だいきん)	값・돈
대금업자(貸金業者・かねかしぎょうしゃ)	돈놀이꾼
대기실(待機室・たいきしつ)	기다림방
대미(大尾・たいび)	맨끝
대질(貸切・かしきり)	전세
대체(代替・だいがえ・だいかえ)	바꿈
대출(貸出・かしだし)	빌림
대폭(大幅・おおはば)	많이・크게・넓게
대하(大蝦・おおえび)	큰새우・왕새우
대합실(待合室・まちあいしつ)	기다림방
데모토/데모도(手許・手元・てもと)	곁꾼・조공

데코보코/데꼬보꼬(凹凸・でこぼこ)	울퉁불퉁・요철
덴마배(伝馬~・伝馬船・てんません)	거룻배
덴조(天井・てんじょう)	천장
덴치(덴찌)(天地・てんち)	상하
덴푸라/뎀뿌라(テンプラ・포tempero)	튀김
뎃빵(鉄板・てっぱん)	①우두머리 ②철판
도금(鍍金・めっき)	(금)입히기
도기다시/도끼다시(研出・とぎだし)	갈(아닦)기
도라무(ドラム・영drum)	드럼(통)
도라이바(ドライバ・영driver)	드라이버
도란스(ドランス・영transformer)	변압기
도랏쿠/도라꾸(トラック・영truck)	화물차・짐차・트럭
도리우치/도리우찌(鳥打・とりうち)	납작모자・캡
도비라(扉・とびら)	속표지
도쿠리/도꾸리(徳利・とくり)	①긴목셔츠 ②조막병
도합(都合・つごう)	모두・합계
독농가(篤農家・とくのうか)	모범농부・모범농가
돈가쓰/돈까쓰(豚カツ・とんカツ・영-cutlet)	돼지고기(너비)튀김
돈부리/돔부리(どんぶり)	덮밥
따블(ダブル・영double)	곱・겹・갑절
뗑깡(癲癇・てんかん)	생떼
라이방(ライバン・영Ray Ban)	보안경・색안경
라지에타(ラジエーター・영radiator)	방열기・라디에이터
레루(レール・영rail)	레일
레미콘(レミコン・영ready-mixed concrete)	(양)회반죽(차)
레자(レザー・영leather)	인조 가죽
레지(レジ・영register)	(다방)종업원
렛테루/레떼루(レッテル・네letter)	상표・레테르
로라(ローラ・영roller)	땅다지개・롤러
료마에(両前・りょうまえ)	겹여밈(옷)・겹자락
루베(立方米・りっぽうメートル・ルベ)	입방미터(㎥)
리모콘(リモコン・영remote control)	원격 조정기
리야카/니야까(リヤカー・영rear car)	손수레
마에가리/마이가리(前借・まえがり)	미리받기・당겨받기
마에칸/마이깡(まえかん)	걸(고리)단추

마와시(廻・まわし)	돌리기〈당구〉
마키/마끼(巻・まき)	①두루마리 ②김말이
마호병(魔法瓶・まほうびん)	보온병
마후라(マフラー・영muffler)	①목도리 ②소음기
만땅(満タン・영-tank)	가득(채움/참)
만수위(満水位・まんすいい)	먹찬물높이
맘모스(マンモス・영mammoth)	큰・대형・매머드
매립(埋立・うめたて)	메움
매물(売物・うりもの)	팔 물건・팔것
매상(売上・うりあげ)	판매・팔기
매상고(売上高・かいあげだか)	판매액
매수(買受・かいうけ)	사(들이)기
매입(買入・かいいれ)	사(들이)기
매장(売場・うりば)	판매장
매점(買占・かいしめ)	사재기
매점(売店・ばいてん)	가게
매출(売出・うりだし)	판매・팔기
맥고모자(麦藁帽子・むぎわらぼうし)	밀짚모자
메타기/메다기(メーター器・영meter-)	계(량)기・미터기
멜로극/물(メロドラマ・영melo drama)	통속극
멧키/멕기(鍍金・めっき)	(금)입히기・도금
면식(面識・めんしき)	안면
명기(明記・めいき)	분명히 기록함
명년(明年・あくるとし)	내년・다음해
명도(明渡・あけわたし)	넘겨줌・비워줌
명소(名所・めいしょ)	이름난 곳
명찰(名札・なふだ)	이름표
모도시(戻・もどし)	되돌림
모리소바(盛蕎麦・もりそば)	메밀국수・메밀사리
모치떡/모찌떡(餅〜・もち〜)	찹쌀떡
몸뻬(もんぺ)	일바지・왜바지
무뎃뽀(無鉄砲・むてっぽう)	무모함・막무가내
미깡(蜜柑・みかん)	감귤・귤・밀감
미다시(見出・みだし)	①찾음표 ②표제
미불(未払・みはらい)	미지급
미소시루(みそしる)	된장국
미싱(ミシン・영machine)	재봉틀

미즈나오시/미즈나우시(水直・みずなおし)	물청소
미지불(未支払・みしはらい)	미지급
밀담(密談・みつだん)	비밀 이야기
바란스(バランス・영balance)	균형・밸런스
바리캉(バリカン・프bariquant)	이발기
바케쓰/바께쓰(バケツ・영bucket)	양동이
반네루(パネル・영panel)	널빤지・판자・패널
반도(バンド・영band)	띠・밴드
반입(搬入・はんにゅう)	실어옴・실어들임
발매(発売・はつばい)	팔기
밤바(バンパー・영bumper)	완충기・범퍼
밧테리/밧떼리(バッテリ・영battery)	축전지・배터리
방가로(バンガロー・영bungalow)	방갈로
방사(放飼・はなしがい)	방목・놓아기르기
백묵(白墨・はくぼく)	분필
백미라(バックミラー・영back mirror)	뒷거울・백미러
베니야/베니다(ベニヤ・영veneer)	합판・베니어
베아링(ベアリング・영bearing)	축받이・베어링
벤또(辨当・べんとう)	도시락
별책(別冊・べっさつ)	딸림책
보나스/뽀나스(ボーナス・영bonus)	상여금・보너스
보단/보당(ボダン・영button)	단추・누름쇠・버튼
보데(ボディー・영body)	차체・보디
보루바코/보루바꼬(ボール箱・영board-)	골판지 상자
보루박스(ボール~・영board box)	골판지상자
보합세(歩合勢・ぶあい~)	주춤세・멈춤세
복지(服地・ふくじ)	양복감・양복천
부라시(ブラッシュ・영brush)	솔・브러시
부라자(ブラジャー・영brassiere)	가슴띠・브래지어
부라치/부라찌(ブラチ・영branch)	부가 접속
부레키(ブレーキ・영brake)	제동기・브레이크
부로카/뿌로카(ブローカー・영broker)	중개인・브로커
부롯쿠/브로꾸(ブロック・영block)	벽돌・블록
부지(敷地・しきち)	터・대지
분비선(分泌腺・ぶんぴつせん)	분비샘
분파이/분빠이(分配・ぶんぱい)	분배・나눔
불하(払下・はらいさげ)	매각・팔아 버림

비까번쩍하다(ぴか〜)	번쩍번쩍하다
비까비까하다(ぴかぴか〜)	번쩍번쩍하다
비니루(ビニール・영vinyl)	비닐
비루(ビール・독Bier・영beer)	맥주
빠꾸(バック・영back)	①뒤로・후진 ②퇴짜
빠데(パテ・영putty)	땜풀・퍼티
빠루(バール・bar)	노루발못뽑기
빠찌(パッヂ・영badge)	휘장・표장・배지
빤쓰(パンツ・영pants・pantaloons)	속잠방이・팬티
빵꾸(パンク・영puncture)	구멍・펑크
빵카(バンカ-・영bunker)	진지・벙커
뻬빠(ペーパー・영sand paper)	사포・속새
뻰찌(ペンチ・영pinchers)	(자름)집게・펜치
뻥끼(ペンキ・영paint)	페인트
뽐뿌(ポンプ・네pomp・영pump)	펌프
사라(皿・さら)	접시
사라다(サラダ・영salad)	샐러드
사료(飼料・しりょう)	먹이
사루마타/사루마다(猿股・さるまた)	속잠방이・팬티
사무라이(侍・さむらい)	일본(봉건시대) 무사
사물함(私物函・しぶつ〜)	개인(물건)보관함
사시미(刺身・さしみ)	생선회
사시코미/사시꼬미(差しこみ・さしこみ)	꽃개집・콘센트
사쿠라/사꾸라(桜・さくら)	①벚꽃 ②사기꾼
산부(三分・さんぶ)	서문
상신(上申・申上・もうしあげ)	여쭘・알림
샷시(サッシ・영sash)	(알루미늄)문틀/창틀
샷타/샷따(シャッター・영shutter)	여닫개・셔터
선불(先払・さきばらい)	선지급
선착장(船着場・ふなつきば)	나루(터)
세공(細工・さいく)	공예
세대(世帯・せたい)	가구・집
세대주(世帯主・せたいぬし)	가구주
세무/쎄무가죽(セーム〜・영chamois〜)	새미가죽
세비로(背広・せびろ)	신사복
센반/셴방(旋盤・せんばん)	선반
센베이(煎餅・せんべい)	전병과자
센치하다(センチ〜・영sentimental)	감상적이다
소데(袖・そで)	소매

소데나시(袖無・そでなし)	민소매・소매없는 옷
소라색(空色・そらいろ)	하늘색・하늘 빛깔
소멘(素麺・そうめん)	소면
소바(蕎麦・そば)	메밀 (국수)
소하물(小荷物・こにもつ)	잔짐
송달(送達・そうたつ)	보냄・띄움
쇼바(アブショバ・영shock absorber)	완충기
쇼부(勝負・しょうぶ)	흥정・결판
수당(手当・てあて)	덤삯・일삯
수령(受領・じゅりょう)	받음
수리(受理・じゅり)	받음・받아들임
수속(手続・てつづき)	절차・순서
수순(手順・てじゅん)	차례・순서
수입선(輸入先・ゆにゅうさき)	수입처・수입국
수제품(手製品・てせいひん)	손치
수취(受取・うけとり)	수령・받음
수취인(受取人・うけとりにん)	받는 이
수하물(手荷物・てにもつ)	손짐
수확고(収穫高・しゅうかくだか)	수확량・소출
숙박계(宿泊届・しゅくはくとどけ)	숙박부・숙박신고
스기(杉・すぎ)	삼나무
스덴(스텡)(スデンレス・영stainless)	안녹쇠・스테인리스
스라브(スラブ・영slab)	바닥판・슬래브
스루메(魚昜・するめ)	오징어
스시(寿司・すし)	초밥
스키야키/스꺄야끼(鋤焼・すきやき)	왜전골・일본전골
스포츠가리(スポーツ刈り・영sports~)	스포츠형 (깎기)
스피카(スピーカー・영speaker)	확성기・스피커
승강장(乗降場・のりおりば)	타는 곳
시마이(仕舞・終・しまい)	끝냄・마감・끝
시보리(絞・しぼり)	①물수건 ②조리개
시아게/시아기(仕上・しあげ)	끝손질・마무리
시치부(七分・しちぶ)	칠푼
시타/시다(下・した)	밑일꾼・보조원
시합(試合・しあい)	겨루기
식비(食費・しょくひ)	밥값
식상(食傷・しょくしょう)	싫증남

신추/신쭈(真鍮・しんちゅう)	놋쇠
신핀/신삥(新品・しんぴん)	새것・신품
실인(実印・じついん)	도장・인장
십팔번(十八番・じゅうはちばん)	장기・애창곡
싯푸/싯뿌(湿布・しっぷ)	찜질
싱(芯・しん)	심(지)・속
쎈타(センター・영center)	본부・중앙・중심지
쓰레빠(スリッパ・영slipper)	실내화・슬리퍼
쓰리(すり)	소매치기
쓰메키리/쓰메끼리(爪切・つめきり)	손톱깎이
쓰미(積・つみ)	벽돌공・(벽돌)쌓기
쓰봉(ズボン・프jupon)	양복 바지
씨명(氏名・しめい)	성명・이름
아까징끼(赤丁幾・あかチンキ・독~Tinktur)	머큐로크롬・빨간약
아나고(穴子・あなご)	붕장어・바다 장어
아부라게(油揚・あぶらあげ)	유부
아시바(足場・あしば)	발판・비계
아이노코/아이노꼬(間子・あいのこ)	혼혈아
아이롱(アイロン・영iron)	다리미・머리 인두
아카지/아까지(赤字・あかじ)	손해・결손・적자
아키바레/아끼바레(秋晴・あきばれ)	추청(秋晴) 벼
아타라시/아다라시(新・あたらしい)	새것
아타리/아다리(当・あたり)	①적중 ②단수〈바둑〉
압수(押収・おうしゅう)	거둬감
애자(碍子・がいし)	뚱딴지
야마(山・やま)	산・두둑・무더기
야맹증(夜盲症・やもうしょう)	밤소경(병)
야미/야매(闇・やみ)	뒷거래
야스리(やすり)	줄
야지(野次・弥次・やじ)	야유
양식(様式・ようしき)	서식
언도(言渡・いいわたし)	선고
에리(襟・えり)	깃
에키스/엑기스(エキス・네extract)	진액
에프롱(エプロン・영apron)	앞치마
엔고(円高・えんだか)	엔화 상승
엔코/엥꼬(えんこ)	떨어짐・바닥(남)
역할(役割・やくわり)	소임・구실・할 일

연와(煉瓦・れんが)	벽돌
염료(染料・せんりょう)	물감
오뎅(おでん)	꼬치(안주)
오도리(踊・おどり)	산새우
오바(オバコート・영overcoat)	외투・오버코트
오봉(御盆・おぼん)	쟁반
오사마리(納・おさまり)	끝맺음・결말
오삼(大〜・おお〜)	큰삽
오시핀(押ピン・おしピン・영-pin)	압정・누름핀
오야(爺・おや)	①우두머리 ②계주
오야붕(親分・おやぶん)	우두머리・두목
오야지(親爺・おやじ)	우두머리・책임자
오지(奧地・おくち)	두메(산골)
오차(お茶・おちゃ)	차
오카네/오까네(お金・おかね)	돈
오코시/오꼬시(おこし)	밥풀과자
오파(オファー・영offer)	제공・공급・오퍼
옥도정기(沃度丁幾・ヨードチンキ・독Jodtinktur)	요오드팅크
와리(割・わり)	노늠・구문
와리바시(割箸・わりばし)	나무젓가락
와리칸/와리깡(割勘・わりかん)	나눠내기・추렴
와사비(山葵・わさび)	고추냉이
와이로(賄賂・わいろ)	뇌물
와쿠/와꾸(わく)	틀
요깡(羊羹・ようかん)	단묵
요비린/요비링(呼鈴・よびリン・영-ring)	초인종
요지(楊枝・ようじ)	이쑤시개
우나기(鰻・うなぎ)	(뱀)장어
우니(雲丹・うに)	성게젓
우동(うどん)	가락국수
우라(裏・うら)	안(감)
우라가에/우라까이(裏返・うらがえし)	뒤집(어짓)기
우메보시(梅干・うめぼし)	매실(절이)
우와기(上衣・うわぎ)	윗도리・상의
우키/우끼(浮・うき)	찌・띄우개・튜브
운짱(運〜・うんちゃん)	운전 기사・운전사
워카(ウォーカー・영walker)	군화

원족(遠足・えんそく)	소풍
월부(月賦・げっぷ)	달붓기
월부금(月賦金・げっぷきん)	달돈
유탄포/유담뿌(湯湯婆・ゆたんぽ)	자라통
유토리/유도리(ゆとり)	융통・여유
유휴지(遊休地・ゆうきゅうち)	노는 땅
육교(陸橋・りっきょう)	구름다리
이부가리(二分刈・にぶがり)	두푼 깎기
이서(裏書・うらがき)	뒷보증
이치부/이찌부(一分・いちぶ)	한 푼
인프레(インフレ・영inflation)	인플레이션
일부(日附・ひづけ)	날짜
일착(一着・いっちゃく)	한 벌
임차(賃借・ちんがり)	세 냄
입간판(立看板・たてかんばん)	세움 간판
입방메타(立方米・りっぽうメートル・영-meter)	입방미터
입장(立場・たちば)	처지
입하(入荷・にゅうか)	들어옴・들여옴
잇파이/입빠이(一杯・いっぱい)	가득・한껏・많이
자바라(蛇腹・じゃばら)	주름상자・주름대롱
자부돈(자부동)(座布団・ざぶとん)	방석
잔고(残高・ざんだか)	잔액・나머지
잣쿠/자꾸(チャック・영chuck)	지퍼
저인망(底引網・そこびきあみ)	쓰레 그물
적조(赤潮・あかしお)	붉은 조류
전기고테/고데(電気こて・でんきこて)	전기인두(질)
전기다마(電気たま・でんきたま)	전구
절수(節水・せっすい)	물 아낌
절취(切取・きりとり)	자름・자르기
조끼(チョッキ・영jug)	잔
조로(如雨露・ジョウロ・포jorro)	물뿌리개
조시(調子・ちょうし)	상태
중매인(仲買人・なかがいにん)	거간・거간꾼
중절모자(中折帽子・なかおれぼうし)	우묵모자
지라시/찌라시(散・ちらし)	선전지・낱장 광고
지분(持分・もちぶん)	몫
지입(もちこみ)	가지고/갖고 들기
진파/찐빠/찐따(跛・ちんば)	절름발이

짬뽕(ちゃんぽん)	①초마면 ②뒤섞기
차압(差押・さしおさえ)	압류
차입(差入・さしいれ)	넣어 줌・옥바라지
차출(差出・さしだし)	뽑아냄
천연두(天然痘・てんねんとう)	마마
청부(請負・うけおい)	도급
추리닝(チュレーニング・영training)	연습복・운동복
추월(追越・おいこし)	앞지르기
출산(出産・しゅっさん)	해산
출하(出荷・しゅっか)	실어내기
취소(取消・とりけし)	무름・말소
침목(枕木・まくらぎ)	굄목
카부(カーブ・영curve)	굽이・굽은 길
캄푸라지(カモフラジュ・프camouflage)	거짓 꾸밈・위장
캬브레타(キャブレター・영carburetor)	기화기(気化器)・카뷰레터
타부(タブー・영taboo)	금기・터부
타치(タッチ・영touch)	접촉・자국・터치
투망(投網・とあみ)	던짐 그물・쵓이
평영(平泳・ひらおよぎ)	개구리헤엄
하루나(春菜・はるな)	왜갓
하리핀(針~・はりピン・영~pin)	바늘못
하명(下命・かめい)	명령・지시
하물(荷物・にもつ)	짐
하바(幅・はば)	폭・나비・너비
하시(箸・はし)	젓가락
하시라(柱・はしら)	기둥
하중(荷重・かじゅう)	짐무게
하코/하꼬(箱・はこ)	상자・갑・곽・궤짝
하코방/하꼬방(箱~・はこ~)	판잣집
하코비(運・はこび)	나름이
한소데(半袖・はんそで)	반소매
한쓰봉(半ズボン・はんズボン・프~jupon)	반바지
할증료(割増料・わりましりょう)	웃돈・추가금
함마(ハンマー・영hammer)	(큰)망치・해머
함바(飯場・はんば)	공사장 식당
행선지(行先地・ゆきさき~)	가는 곳
헤라(へら)	(구둣)주걱
헤베(平方米・へいほうメートル)	제곱미터(㎡)

호꾸(ホック・네hock)	걸단추・호크
호로(幌・ほろ)	덮개・포장
호리꾼(堀〜・ほり〜)	도굴꾼
호조(好調・こうちょう)	순조
호출(呼出・よびだし)	부름
홈(プラットホーム・영platform)	플랫폼
화이바/하이바(ファイバー・영fiber)	안전모
회람(回覧・かいらん)	돌려보기
후다(札・ふだ)	조각/패
후라이(フライ・영fry)	①튀김/부침 ②거짓말
후로쿠/후로꾸/후루꾸(ふろく)	엉터리
후불(後払・あとばらい)	후지급
후안/후앙(ファン・영fan)	환풍기・송풍기
후카시/후까시(ふかし)	부풀이・부풀머리
후키(吹・ふき)	뿜질・분무기
흑판(黒板・こくばん)	칠판
히네리(捻・ひねり)	틀어치기〈당구〉
히야시/시야시(冷・ひやし)	차게 함・채움
히야카시(冷・ひやかし)	희롱
히키/시키/삐끼(引・ひき)	끌기

常用漢字一覧(1945字)

亜哀愛悪握圧扱安暗案以位依偉囲委威尉意慰易為異移維緯胃衣違遺
医井域育一壱逸稲芋印員因姻引飲院陰隠韻右宇羽雨渦浦運雲営影映
栄永泳英衛詠鋭液疫益駅悦謁越閲円園宴延援沿演炎煙猿縁遠鉛塩汚
凹央奥往応押横欧殴王翁黄沖億屋憶乙卸恩温穏音下化仮何価佳加可
夏嫁家寡科暇果架歌河火禍稼箇花荷華菓課貨過蚊我画芽賀雅餓介会
解回塊壊快怪悔懐戒拐改械海灰界皆絵開階貝劾外害慨概涯街該垣嚇
各拡格核殻獲確穫覚角較郭閣隔革学岳楽額掛潟割喝括活渇滑褐轄且
株刈乾冠寒刊勘勧巻喚堪完官寛干幹患感慣憾換敢棺款歓汗漢環甘監
看管簡緩缶肝艦観貫還鑑間閑関陥館丸含岸眼岩頑顔願企危喜器基奇
寄岐希幾忌揮机旗既期棋棄機機気汽祈季紀規記貴起軌輝飢騎鬼偽儀
宜戯技擬欺犠疑義議菊吉喫詰却客脚虐逆丘久休及吸宮弓急救朽求泣
球究窮級糾給旧牛去居巨拒拠挙虚許距漁魚享京供競共凶協叫境峡強
恐恭挟教橋況狂狭矯胸脅興郷鏡響驚仰凝暁業局曲極玉勤均斤琴禁筋
緊菌襟謹近金吟銀九句区苦駆具愚虞空偶遇隅屈掘靴繰桑勲君薫訓群
軍郡係傾刑兄啓型契形径恵慶憩掲携敬景渓系経継茎蛍計警軽鶏芸迎
鯨劇撃激傑欠決潔穴結血月件倹健兼券剣圏堅嫌建憲懸検権犬献研絹
県肩見謙賢軒遣険顕験元原厳幻弦減源玄現言限個古呼固孤己庫弧戸
故枯湖誇雇顧鼓五互午呉娯後御悟碁語誤護交侯候光公功効厚口向后
坑好孔孝工巧幸広康恒慌抗拘控攻更校構江洪港溝甲皇硬稿紅絞綱耕

考肯航荒行衡講貢購郊酵鉱鋼降項香高剛号合拷豪克刻告国穀酷黒獄
腰骨込今困墾婚恨懇昆根混紺魂佐唆左差査砂詐鎖座債催再最妻宰彩
才採裁歳済災砕祭斎細菜裁載際剤在材罪財坂咲崎作削搾昨策索錯桜
冊刷察撮擦札殺雑皿三傘参山残散桟産算蚕賛酸暫残仕伺使刺司史嗣
四士始姉姿子市師志思指支施旨枝止死氏祉私糸紙紫肢脂至視詞詩試
誌諮資賜雌飼歯事似侍児字寺慈持時次滋治璽磁示耳自辞式識軸七執
失室湿漆疾質実芝舎写射捨赦斜煮社者謝車遮蛇邪借勺尺爵酌釈若寂
弱主取守手朱殊狩珠種趣酒首儒受寿授樹需囚収周宗就州修愁拾秀秋
終習臭舟衆襲週酬集醜住充十従柔汁渋獣縦重銃叔宿淑祝縮粛塾熟出
術述俊春瞬准循旬殉準潤盾純巡遵順処初所暑庶緒署書諸助叙女序徐
除傷償勝匠升召商唱奨宵将小少尚床彰承抄招掌昇昭晶松沼消渉焼焦
照症省硝礁祥称章笑粧紹詳衝訟証詔詳象賞鐘障上丈乗冗剰城場壌嬢
常情条浄状畳蒸譲醸錠嘱飾植殖織職色触食辱伸信侵唇娠寝審心慎振
新森浸深申真神紳臣薪親診身辛進針震人仁刃尋甚尽迅陣酢図吹垂帥
推水炊睡粋衰遂酔錘随髄崇数枢据杉澄寸世漱畝是制勢姓征性成政整
星晴正清牲生盛精聖声製西誠誓請逝青静斉税隻席惜斥昔析石積籍績
責赤跡切拙接摂折設窃節説雪絶舌仙先千占宣専川戦扇栓泉浅洗染潜
旋線繊船薦践選遷銭銑鮮前善漸然全禅繕塑措疎礎祖租粗素組訴阻僧
創双倉喪壮奏層想捜掃挿操早曹巣槽燥争相窓総草荘葬藻装走送遭霜
騒像増憎臓蔵贈造促側則即息束測足速俗属賊族続卒存孫尊損村他多
太堕妥惰打駄体対耐帯待怠態替泰滞胎袋貸退逮隊代台大第題滝卓宅
択拓沢濯託濁諾但達奪脱棚谷丹単嘆担探淡炭短端胆誕鍛団壇弾断暖
段男談値知地恥池痴稚置致遅築畜竹蓄逐秩窒茶嫡着中仲宙忠抽昼柱
注虫衷鋳駐著貯丁兆帳庁弔張彫徴懲挑朝潮町眺聴脹腸調超跳長頂鳥
勅直朕沈珍賃鎮陳津墜追痛通塚漬坪釣亭低停偵貞呈堤定帝底庭廷弟
抵提程締艇訂逓邸泥摘敵滴笛適哲徹撤迭鉄典天展店添転点伝殿田

電吐塗徒斗渡登途都努度土奴怒倒党冬凍刀唐塔島悼投搭東桃棟盗湯
灯当痘等答筒糖統到討謄豆踏逃透陶頭騰闘働動同堂導洞童胴道銅峠
匿得徳特督篤毒独読凸突届屯豚曇鈍内縄南軟難二尼弐肉日乳入如尿
任妊忍認寧猫熱年念燃粘悩濃納能脳農把覇波派破婆馬俳廃排排敗杯
背肺輩配倍培媒梅買売賠陪伯博拍泊白舶薄迫漠爆縛麦箱肌畑八鉢発
髪伐罰抜閥伴判半反帆搬板版犯班畔繁般藩販範煩頒飯晩番盤蛮卑否
妃彼悲扉批披比泌疲皮碑秘罷肥被費避非飛備尾微美鼻匹必筆姫百俵
標氷漂票表評描病秒苗品浜貧賓頻敏瓶不付夫婦富布府怖扶敷普浮父
符腐膚譜負賦赴附侮武舞部封風伏副復幅服福腹複覆払沸仏物分噴墳
憤奮粉紛雰文聞丙併兵塀幣平弊柄並閉陛米壁癖別偏変片編辺返遍便
勉弁保舗捕歩補穂募墓慕暮母簿倣俸包報奉宝峰崩抱放方法泡砲縫胞
芳褒訪豊邦飽乏亡傍剖坊妨帽忘忙房暴望某棒冒紡肪膨謀貿防北僕墨
撲朴牧没堀奔本翻凡盆摩磨魔麻埋妹枚毎幕膜又抹末繭万慢満漫味未
魅岬密脈妙民眠務夢無矛霧婿娘名命明盟迷銘鳴滅免綿面模茂妄毛猛
盲網耗木黙目戻問紋門勿夜野矢厄役約薬訳躍柳愉油癒諭輸唯優勇友
幽悠憂有猶由裕誘遊郵雄融夕予余与誉預幼容庸揚揺擁曜様洋溶用窯
羊葉要謡踊陽養抑欲浴翌翼羅裸来頼雷絡落酪乱卵欄濫覧利吏履理痢
裏里離陸律率立略流留硫粒隆竜慮旅虜了僚両寮料涼猟療糧良量陵領
力緑倫厘林臨輪隣塁涙累類令例冷励礼鈴隷零霊麗齢暦歴列劣烈裂廉
恋練連錬炉路露労廊朗楼浪漏老郎六録論和話賄惑枠湾腕

学年別 漢字配当表

제1학년(80字)

一右雨円王音下火花貝　学気九休玉金空月犬見
五口校左三山子四糸字　耳七車手十出女小上森
人水正生夕石赤千川　　先早草足村大男竹中虫
町天田土二日入年白八　百文木本名目立力林六

제2학년(160字)

引羽雲園遠何科夏家歌　画回会海絵外角楽活間
丸岩顔汽記帰弓牛魚京　強教近兄形計元言原戸
古午後語工公広交光考　行高黄合谷国黒今才細
作算止市矢姉思紙寺自　時室社弱首秋週春書少
場色食心新親図数西声　星晴切雪船線前組走多
太体台地池知茶昼長鳥　朝直通弟店点電刀冬当
東答頭同道読内南肉馬　売買麦半番父風分聞米
歩母方北毎妹万明鳴毛　門夜野友用曜来里理話

제3학년(200字)

悪安暗医委意育員院飲　運泳駅央横屋温化荷界
開階寒感漢館岸起期客　究急級宮球去橋業曲局
銀区苦具君係軽血決研　県庫湖向幸港号根祭皿
仕死使始指歯詩次事持　式実写者主守取酒受州
拾終習集住重宿所暑助　昭消商章勝乗植申身神
真深進世整昔全相送想　息速族他打対待代第題
炭短談着注柱丁帳調追　定庭笛鉄転都度投豆島
湯登等動童農波配倍箱　畑発反坂板皮悲美鼻筆
氷表秒病品負部服福物　平返勉放味命面問役薬
由油有遊予羊洋葉陽様　落流旅両縁礼列練路和

제4학년(200字)

愛案以衣位囲胃印英栄　塩億加果貨課芽改械害
街各覚完官管関観願希　季紀喜旗器機議求泣救
給挙漁共協鏡競極訓軍　郡径型景芸欠結建健験
固功好候航康告差菜最　材昨札刷殺察参産散残
士氏史司試児治辞失借　種周祝順初松笑唱焼象
照賞臣信成省清静席積　折節説浅戦選然争倉巣
束側続卒孫帯隊達単置　仲貯兆腸低底停的典伝
徒努灯堂働特得毒熱念　敗梅博飯飛費必票標不
夫付府副粉兵別辺変便　包法望牧末満未脈民無
約勇要養浴利陸良料量　輪類令冷例歴連老労録

제5학년(185字)

圧移因永営衛易益液演 応往桜恩可仮価河過賀
快解格確額刊幹慣眼基 寄規技義逆久旧居許境
均禁句群経潔件券険検 限現減故個護効厚耕鉱
構興講混査再災妻採際 在財罪雑酸賛支志枝師
資飼示似識質舎謝授修 述術準序招承証条状常
情織職制性政勢精製税 責績接設舌絶銭祖素総
造像増則測属率損退貸 態団断築張提程適敵統
銅導徳独任燃能破犯判 版比肥非備俵評貧布婦
富武復複仏編弁保墓報 豊防貿暴務夢迷綿輸余
預容略留領

제6학년(181字)

異遺域宇映延沿我灰拡 革閣割株干巻看簡危机
揮貴疑吸供胸郷勤筋系 敬警劇激穴絹権憲源厳
己呼誤后孝皇紅降鋼刻 穀骨困砂座済裁策冊蚕
至私姿視詞誌磁射捨尺 若樹収宗就衆従縦縮熟
純処署諸除将傷障城蒸 針仁垂推寸盛聖誠宣専
泉洗染善奏窓創装層操 蔵臓存尊宅担探誕段暖
値宙忠著庁頂潮賃痛展 討党糖届難乳認納脳派
排背肺俳班晩否批秘腹 奮並陛閉片補暮宝訪亡
忘棒枚幕密盟模駅郵優 幼欲翌乱卵覧裏律臨朗
論

現代仮名遣い

(内閣告示 第1号·1986.7.1)

1. 第一

단어의 표기에 있어, 현대어의 음운에 따라, 다음과 같은 仮名를 사용한다. 단, 밑줄 부분은, 第二에 제시한 경우에만 사용하기로 한다.

(1) 直音

あかさたなはまやわ
いきしちにひみ
うくすつぬふむゆり
えけせてねへめれ
おこそとのほもよを

がざだばぱ
ぎじぢびぴ
ぐずづぶぷ
げぜでべぺ
ごぞどぼぽ

> **例** あさひ(朝日) きく(菊) さくら(桜) ついやす(費) にわ(庭) ふで(筆) もみじ(紅葉) ゆずる(譲) れきし(歴史) わかば(若葉) えきか(液化) せいがくか(声楽家) さんぽ(散歩)

(2) 拗音

きゃ	きゅ	きょ	ぎゃ	ぎゅ	ぎょ
しゃ	しゅ	しょ	じゃ	じゅ	じょ
ちゃ	ちゅ	ちょ	ぢゃ	ぢゅ	ぢょ
にゃ	にゅ	にょ			
ひゃ	ひゅ	ひょ	びゃ	びゅ	びょ
			ぴゃ	ぴゅ	ぴょ
みゃ	みゅ	みょ			
りゃ	りゅ	りょ			

> **例** しゃかい(社会) しゅくじ(祝辞) かいじょ(解除) りゃくが(略画)
> **[注意]** 拗音에 사용하는「や, ゆ, よ」는, 가급적 작게 쓴다.

(3) 撥音「ん」

> **例** まなんで(学) みなさん しんねん(新年) しゅんぶん(春分)

(4) 促音「っ」

> **例** はしって(走) かっき(活気) がっこう(学校) せっけん(石鹸)
> **[注意]** 促音에 사용하는「つ」는, 가급적 작게 쓴다.

(5) 長音

① ア段의 장음
ア段의 仮名에「あ」를 붙인다.

> **例** おかあさん おばあさん

② イ段의 장음
イ段의 仮名에「い」를 붙인다.

> **例** にいさん おじいさん

③ ウ段의 장음
ウ段의 仮名에「う」를 붙인다.

> **例** おさむうございます(寒) くうき(空気) ふうふ(夫婦) うれしゅう存じます きゅうり ぼくじゅう(墨汁) ちゅうもん(注文)

④ エ段의 장음

エ段의 仮名에「え」를 붙인다.

> 例 ねえさん ええ(応答の語)

⑤ オ段의 장음

オ段의 仮名에「う」를 붙인다

> 例 おとうさん とうだい(灯台) わこうど(若人) おうむ かおう(買) あそぼう(遊) おはよう(早) おうぎ(扇) ほうる(抛) とう(塔) よいでしょう はっぴょう(発表) きょう(今日) ちょうちょう(蝶々)

2. 第二

特定한 단어에 있어서는, 표기의 관습을 존중하여, 다음과 같이 표기한다.

(1) 助詞「を」는,「を」로 쓴다.

> 例 本を読む 岩をも通す 失礼をいたしました やむをえない いわんや～をや よせばよいものを てにをは

(2) 助詞「は」는, 「は」로 쓴다.

> 例 今日は日曜です 山では雪が降りました あるいは または もしくは
> いずれは さては ついては ではさようなら とはいえ 惜しむらくは
> 恐らくは 願わくは これはこれは こんにちは こんばんは 悪天候も
> ものかは
> [注意] 다음과 같은 예는, 이러한 예에 해당하지 않는 것으로 한다.
> いまわの際 すわ一大事 雨も降るわ風も吹くわ 来るわ来るわ
> きれいだわ

(3) 助詞「へ」는, 「へ」로 쓴다.

> 例 故郷へ帰る ～さんへ 母への便り 駅へは数分

(4) 動詞「いう(言)」는, 「いう」로 쓴다.

> 例 ものをいう(言) いうまでもない 昔々あったという どういうふうに
> 人というもの こういうわけ

(5) 다음과 같은 단어는 「ぢ」「づ」를 쓴다.

① 同音의 연속에 의해 발생한 「ぢ」「づ」

> 例 ちぢみ(縮) ちぢむ ちぢれる ちぢこまる つづみ(鼓) つづら つづく
> (続) つづめる(約) つづる(綴)
> [注意] 「いちじく」「いちじるしい」는, 이에 해당하지 않는다.

② 二語의 連合에 의해 생긴「ぢ」「づ」

> 例 はなぢ(鼻血) そえぢ(添乳) もらいぢち そこぢから(底力) ひぢりめん
> いれぢえ(入知恵) ちゃのみぢゃわん つれづれ まぢか(間近) こぢんまり
> ちかぢか(近々) ちりぢり みかづき(三日月) たけづつ(竹筒) たづな(手綱)
> ともづな にいづま(新妻) けづめ ひづめ ひげづら おこづかい(小遣)
> あいそづかし わしづかみ こころづくし(心尽) てづくり(手作) こづつみ
> (小包) ことづて はこづめ(箱詰) はたらきづめ みちづれ(道連) かた
> づく こづく(小突) どくづく もとづく うらづける ゆきづまる ねばり
> づよい つねづね(常々) つくづく

또한, 다음과 같은 단어에 있어서는, 현대어의 의식으로는 일반적으로 두 개의 단어로 분해하기 어려워, 각각「じ」「ず」를 사용하는 것을 원칙으로 하되,「せかいぢゅう」「いなづま」와 같이「ぢ」「づ」를 사용하여 쓸 수도 있다.

> 例 せかいじゅう(世界中) いなずま(稲妻) かたず(固唾) きずな(絆)
> さかずき(杯) ときわず ほおずき みみずく うなずく おとずれる(訪)
> かしずく つまずく ぬかずく ひざまずく あせみずく くんずほぐれつ
> さしずめ でずっぱり なかんずく うでずく くろずくめ ひとりずつ
> ゆうずう(融通)

> [注意] 다음과 같은 단어 속의「じ」「ず」는, 한자음 그 자체가 탁음 이어서, 상기 ①, ②의 예에는 해당하지 않으므로,「じ」「ず」로 쓴다.
> 例 じめん(地面) ぬのじ(布地) ずが(図画) りゃくず(略図)

(6) 다음과 같은 단어는, オ段의 仮名에「お」를 붙여서 쓴다.

> 例 おおかみ おおせ(仰) おおやけ(公) こおり(氷・郡) こおろぎ ほお(頬・朴) ほおずき ほのお(炎) とお(十) いきどおる(憤) おおう(覆) こおる(凍) しおおせる とおる(通) とどこおる(滞) もよおす(催) いとおしい おおい(多) おおきい(大きい) 遠い(遠い) おおむね おおよそ

이들은 종래의 철자법에서 オ段의 가나에「ほ」또는「を」가 이어지는 것으로, オ段의 長音으로 발음되거나, オ・オ, コ・オ로 발음되지만, オ段의 가나에「お」를 붙여서 쓴다.

付記

다음과 같은 단어는, エ段의 長音으로 발음되거나, エイ, ケイ 등으로 발음되지만, エ段의 가나에「い」를 붙여서 쓴다.

> 例 かれい せい(背) かせいで(稼) まねいて(招) 春めいて へい(塀) めい(銘) れい(例) えいが(映画) とけい(時計) ていねい(丁寧)

일본인의 성씨

　명치유신(1868) 이전의 일본은 무사계급이나 호농, 호상 만이 성씨를 가질 수가 있었다. 대다수의 서민들은 성씨가 없이「쌀장사 아무개」「대추마을 아무개」등과 같이 직업이나 살고있는 지역을 이름에 붙여서 성씨를 대신하였다. 일반서민들에게 성씨가 사용된 것은 1875년 이후로, 계급제도의 철폐에 의한 평등이라기 보다는 당시의 육군성에서 실시하던 징병제도를 원활히 하기 위한 하나의 방편이었다. 당시 새로운 성씨는 친족회의를 통해 결정하거나, 선조의 유골을 모신 절의 스님이 지어주는 경우가 많았으나, 개중에는 산 속에 살고 있어서「山中」, 산밑에 살면「山本」, 산 입구에 살면「山口」등으로, 거주지의 특성과 연관된 이름들이 적지 않았다.

　일본인의 성씨는 대략 30만개에 이르는 것으로 알려져 있으나, 이하, 인구 순으로 300개를 선정하여, 그 한자와 읽기를 제시한다 (자료출처는「日本苗字大辞典」芳文館 1997).

鈴木 スズキ	佐藤 サトウ	小林 コバヤシ	田中 タナカ
高橋 タカハシ	渡辺 ワタナベ	斎藤 サイトウ	伊藤 イトウ
加藤 カトウ	中村 ナカムラ	山本 ヤマモト	山田 ヤマダ
佐々木 ササキ	山口 ヤマグチ	井上 イノウエ	吉田 ヨシダ
石井 イシイ	高橋 タカハシ	木村 キムラ	清水 シミズ
金子 カネコ	松本 マツモト	石川 イシカワ	阿部 アベ

林 ハヤシ	森 モリ	池田 イケダ	長谷川 ハセガワ
青木 アオキ	遠藤 エンドウ	小川 オガワ	山崎 ヤマザキ
橋本 ハシモト	中島 ナカジマ	後藤 ゴトウ	藤田 フジタ
近藤 コンドウ	山下 ヤマシタ	和田 ワダ	内田 ウチダ
三浦 ミウラ	岡田 オカダ	中山 ナカヤマ	小野 オノ
太田 オオタ	原 ハラ	小島 コジマ	横山 ヨコヤマ
前田 マエダ	村上 ムラカミ	福田 フクダ	坂本 サカモト
田村 タムラ	安藤 アンドウ	杉山 スギヤマ	原田 ハラダ
小山 コヤマ	石田 イシダ	竹内 タケウチ	新井 アライ
市川 イチカワ	大塚 オオツカ	岡本 オカモト	荒井 アライ
工藤 クドウ	松田 マツダ	今井 イマイ	飯田 イイダ
藤井 フジイ	千葉 チバ	佐野 サノ	村田 ムラタ
中野 ナカノ	菊地 キクチ	丸山 マルヤマ	森田 モリタ
関 セキ	小泉 コイズミ	菊池 キクチ	中川 ナカガワ
柴田 シバタ	酒井 サカイ	岩崎 イワサキ	西村 ニシムラ
秋山 アキヤマ	大野 オオノ	平野 ヒラノ	増田 マスダ
武田 タケダ	宮崎 ミヤザキ	土屋 ツチヤ	野口 ノグチ
田辺 タナベ	五十嵐 イガラシ	杉本 スギモト	星野 ホシノ
菅原 スガワラ	久保田 クボタ	藤原 フジワラ	松井 マツイ
小松 コマツ	桜井 サクライ	安田 ヤスダ	北村 キタムラ
上野 ウエノ	望月 モチヅキ	関口 セキグチ	大久保 オオクボ
石渡 イシワタ	内藤 ナイトウ	宮本 ミヤモト	吉田 ヨシダ
小池 コイケ	島田 シマダ	野村 ノムラ	斎藤 サイトウ
本田 ホンダ	飯島 イイジマ	榎本 エノモト	上田 ウエダ
萩原 ハギワラ	田口 タグチ	永井 ナガイ	大谷 オオタニ
伊東 イトウ	古川 フルカワ	岩田 イワタ	須藤 スドウ
川口 カワグチ	栗原 クリハラ	白井 シライ	福島 フクシマ
早川 ハヤカワ	木下 キノシタ	渋谷 シブヤ	石原 イシハラ
本間 ホンマ	久保 クボ	高木 タカギ	樋口 ヒグチ
服部 ハットリ	熊谷 クマガイ	上原 ウエハラ	内山 ウチヤマ

平井 ヒライ	志村 シムラ	渡部 ワタナベ	川島 カワシマ
小沢 オザワ	成田 ナリタ	馬場 ババ	金井 カナイ
藤本 フジモト	水野 ミズノ	根本 ネモト	川崎 カワサキ
高野 タカノ	河野 コウノ	松尾 マツオ	平田 ヒラタ
松岡 マツオカ	山内 ヤマウチ	川村 カワムラ	浅野 アサノ
横田 ヨコタ	大橋 オオハシ	西山 ニシヤマ	天野 アマノ
八木 ヤギ	谷口 タニグチ	宮田 ミヤタ	松下 マツシタ
山中 ヤマナカ	西川 ニシカワ	岩本 イワモト	佐久間 サクマ
武藤 ムトウ	矢野 ヤノ	広瀬 ヒロセ	大島 オオシマ
小野寺 オノデラ	若林 ワカバヤシ	吉川 ヨシカワ	落合 オチアイ
川上 カワカミ	関根 セキネ	松村 マツムラ	荒木 アラキ
黒田 クロダ	篠原 シノハラ	吉村 ヨシムラ	浜田 ハマダ
松浦 マツウラ	飯塚 イイヅカ	石橋 イシバシ	永田 ナガタ
平山 ヒラヤマ	辻 ツジ	村山 ムラヤマ	菅野 カンノ
高田 タカダ	尾崎 オザキ	斎藤 サイトウ	岡部 オカベ
大木 オオキ	大森 オオモリ	大石 オオイシ	大川 オオカワ
田代 タシロ	岸 キシ	瀬戸 セト	田島 タジマ
大山 オオヤマ	三橋 ミツハシ	長島 ナガシマ	角田 ツノダ
西田 ニシダ	堀 ホリ	本多 ホンダ	青山 アオヤマ
小沢 オザワ	松原 マツバラ	笠原 カサハラ	岡村 オカムラ
小倉 オグラ	大西 オオニシ	牧野 マキノ	根岸 ネギシ
星 ホシ	稲場 イナバ	多田 タダ	石塚 イシヅカ
松永 マツナガ	吉野 ヨシノ	大竹 オオタケ	片山 カタヤマ
白石 シライシ	小笠原 オガサワラ	野田 ノダ	鎌田 カマタ
今野 コンノ	須田 スダ	宮下 ミヤシタ	吉岡 ヨシオカ
岡崎 オカザキ	及川 オイカワ	小田 オダ	中西 ナカニシ
町田 マチダ	堀内 ホリウチ	宮川 ミヤガワ	臼井 ウスイ
富田 トミタ	武井 タケイ	高木 タカギ	今村 イマムラ

新倉 ニイクラ	篠崎 シノザキ	大沢 オオサワ	長田 オサダ
中田 ナカダ	児玉 コダマ	荻野 オギノ	杉浦 スギウラ
村松 ムラマツ	岡 オカ	相原 アイハラ	秋元 アキモト
坂井 サカイ	三上 ミカミ	神田 カンダ	渡部 ワタベ
青柳 アオヤギ	寺田 テラダ	津田 ツダ	杉田 スギタ
山岸 ヤマギシ	奥山 オクヤマ	足立 アダチ	小宮 コミヤ
渡辺 ワタナベ	荒川 アラカワ	福井 フクイ	柏木 カシワギ
竹田 タケダ	黒川 クロカワ	沼田 ヌマタ	米山 ヨネヤマ
中嶋 ナカジマ	河合 カワイ	松崎 マツザキ	片岡 カタオカ
安部 アベ	安達 アダチ	矢島 ヤジマ	相沢 アイザワ
中沢 ナカザワ	畠山 ハタケヤマ	坂田 サカタ	堀江 ホリエ

일본속담

　속담이란 그 사회를 구성하는 성원들 간에서, 다수의 동의에 의해 자연적으로 발생하여 변화, 소멸하는 지극히 사회적인 언어현상이다. 그 발생과 변화, 소멸이 언어집단의 일반적인 동의에 의해 이루어지는 만큼, 속담의 내용 또한 그 집단의 전통적인 가치관이나 일반적인 의식을 대변하고 있다고 할 수가 있다.
　이하, 일본의 속담 중에서 비교적 사용빈도가 높은 것을 제시한다. 독자들에게 생각하는 시간을 갖게 하기 위하여 상세한 해설은 생략한다. 또한 우리말의 속담과 비교해보는 것도 흥미로우리라 생각된다.

◆ 相手のない喧嘩はできぬ (あいてのないけんかはできぬ)
　　상대 없는 싸움은 할 수 없다. 손바닥도 마주쳐야 소리가 난다.
◆ 秋の日はつるべ落とし (あきのひはつるべおとし)
　　가을 해는 떨어지는 두레박.
◆ 頭隠して尻隠さず (あたまかくしてしりかくさず)
　　머리 감추고 엉덩이 내놓기. 눈 가리고 아웅하기.

◆ 雨だれ、石をうがつ（あまだれ、いしをうがつ）
　떨어지는 빗물이 바위를 뚫는다.
◆ あばたも笑窪（あばたもえくぼ）
　얽은 자국도 보조개.
◆ 案ずるより生むが易し（あんずるよりうむがやすし）
　걱정하기보다 낳기는 쉽다.
◆ 医者の不養生（いしゃのふようじょう）
　의원의 병치레.
◆ 上には上がある（うえにはうえがある）
　위에는 위가 있다. 뛰는 놈 위에 나는 놈 있다.
◆ 馬に乗って馬を探す（うまにのってうまをさがす）
　말 타고 말 찾는다.
◆ 馬の耳に念仏（うまのみみにねんぶつ）
　말귀에 염불. 소귀에 경 읽기.
◆ 易者の身の上知らず（えきしゃのみのうえしらず）
　점쟁이 제 팔자 모른다. 점쟁이 저 죽을 날 모른다.
◆ 海老で鯛を釣る（えびでたいをつる）
　새우로 도미를 낚다. (일본에서 도미는 귀한 생선.)
◆ 負うた子を三年探す（おうたこをさんねんさがす）
　업은 아이 삼 년 찾는다.
◆ 女心と秋の空（おんなごころとあきのそら）
　여자의 마음과 가을 하늘. (일본의 가을은 기후의 변화가 심하다.)
◆ 鬼に金棒（おににかなぼう）
　도깨비한테 쇠방망이. 날개 단 호랑이.
◆ 飼い犬に手を噛まれる（かいいぬにてをかまれる）
　기르는 개에게 손을 물린다. 믿는 도끼에 발등 찍힌다.

◆ 蛙の面に水 (かえるのつらにみず)
　개구리 낯짝에 물(붓기).
◆ 風と女は閉じこめられない (かぜとおんなはとじこめられない)
　바람하고 여자는 가둬둘 수 없다.
◆ 風吹けば桶屋が儲かる (かぜふけばおけやがもうかる)

　바람이 불면 나무통장사가 돈을 번다.
　바람이 불면 먼지가 날리고, 먼지가 날리면 눈병이 잦아져 소경이 늘고, 소경이 늘면 안마사가 늘고, 안마사가 늘면 샤미셴(三味線)이 많이 팔리고(과거 일본의 안마사는 주로 시각장애자들의 가업이었고, 이들은 야간에 일본의 전통악기인 샤미셴을 켜고 다녔다), 샤미셴을 만들자면 고양이가 많이 죽어(샤미셴은 고양이가죽으로 만든다) 쥐들이 설치고, 쥐들이 설치면 나무통을 갉아대고, 새로운 나무통이 필요하게 되어, 나무통장사들이 돈을 번다는 말. 모든 일은 알고 보면 서로 상관관계가 있다는 뜻. 반대로, 전혀 무관한 일을 억지로 엮어놓는다는 뜻으로 사용되기도 한다.

◆ 勝って兜の緒を締めよ (かってかぶとのおをしめよ)
　이기고 나서 투구 끈을 졸라매라.
◆ 河童の川流れ (かっぱのかわながれ)
　물에 빠진 河童. (かっぱ(河童)는 이야기에 나오는 요괴. 물에서 살며 씨름과 오이를 좋아한다. 서유기에 나오는 사오정도 かっぱ.)
◆ 壁に耳あり、障子に目あり (かべにみみあり、しょうじにめあり)
　벽에 귀가 있고, 문에 눈이 있다.

낮말은 새가 듣고 밤 말은 쥐가 듣는다.
◆ 聞いて極楽、見て地獄 (きいてごくらく、みてじごく)
  듣기로는 극락, 보면 지옥.
◆ 食いつく犬は吠えつかぬ (くいつくいぬはほえつかぬ)
  무는 개는 짖지 않는다.
◆ 弘法筆を選ばず (こうぼうふでをえらばず)
  弘法는 붓을 가리지 않는다.
  (弘法는 弘法大師. 중세 일본의 고승으로, 이름난 名筆)
◆ 子はかすがい (こはかすがい)
  자식은 꺽쇠.
◆ 猿も木から落ちる (さるもきおちる)
  원숭이도 나무에서 떨어진다.
◆ 鹿を遂う者は山を見ず (しかをおうものはやまをみず)
  사슴을 쫓는 자는 산을 보지 못한다.
◆ 住めば都 (すめばみやこ)
  살아보면 한양. 정들면 고향.
◆ 対岸の火災 (たいがんのかさい)
  강 건너 불.
◆ 立って半畳、寝て一畳 (たってはんじょう、ねていちじょう)
  서면 다타미 반 장, 누우면 다타미 한 장.
  (다타미 한 장은 1m×2m의 넓이.)
◆ 旅の恥はかきすて (たびのはじはかきすて)
  여행 중의 망신은 버리고 오는 것.
◆ 小さくとも針はのまれぬ (ちいさくともはりはのまれぬ)
  작아도 바늘은 삼킬 수 없다. 작은 고추가 맵다.

◆ 地獄の沙汰も金次第 (じごくのさたもかねしだい)
　지옥의 판결도 돈 쓰기 나름.
◆ 月とすっぽん (つきとすっぽん)
　달과 자라.
◆ 月夜に釜を抜かれる (つきよにかまをぬかれる)
　달밤에 가마솥을 도둑맞는다.
◆ 角を矯めて牛を殺す (つのをためてうしをころす)
　뿔 고치려다 소 잡는다. 교각살우(矯角殺牛).
◆ 鶴は千年、亀は万年 (つるはせんねん、かめはまんねん)
　학은 천년, 거북이는 만년.
◆ 隣の花は赤い (となりのはなはあかい)
　옆집 꽃은 붉다. 남의 떡이 커 보인다.
◆ 捕らぬ狸の皮算用 (とらぬたぬきのかわざんよう)
　잡지도 않은 너구리 가죽세기.
◆ 情けは人のためならず (なさけはひとのためならず)

　인정은 남을 돕는 것이 아니다.
　양의적(両意的)인 속담으로, 사사로운 인정은 오히려 사람을 망친다는 뜻과, 남에게 인정을 베풀면 결국은 자신에게도 보답이 돌아온다는 뜻으로 사용된다.

◆ 二階から目薬 (にかいからめぐすり)
　이층에서 안약 넣기.
◆ 逃がした魚は大きい (にがしたさかなはおおきい)
　놓친 고기가 크다.
◆ 盗人捕えて縄をなう (ぬすびととらえてなわをなう)
　도둑잡고 포승 꼬기. 원님 지나간 뒤에 나팔 불기.

◆ 猫に鰹節（ねこにかつおぶし）
  고양이에게 생선.
◆ 猫に小判（ねこにこばん）
  고양이에게 금화. 개발에 편자.
◆ 這えば立て立てば歩めの親心（はえばたて、たてばあゆめのおやごころ）
  기면 서라, 서면 걸으라는 부모 마음.
◆ 花より団子（はなよりだんご）
  꽃보다 경단. 금강산도 食後景.
◆ 人の口に戸は立てられぬ（ひとのくちにとはたてられぬ）
  남의 입에 문은 달 수 없다. 중구난방(衆口難防)
◆ 冷や飯を食わせる（ひやめしをくわせる）
  찬밥을 먹이다.
◆ 武士は食わねど高楊枝（ぶしはくわねどたかようじ）
  무사는 굶어도 비싼 이쑤시개.
  양반은 물에 빠져도 개헤엄은 치지 않는다.
◆ 下手な鉄砲も数うてばあたる（へたなてっぽうもかずうてばあたる）
  서툰 총도 쏘다보면 맞는다.
◆ 坊主憎けりゃ袈裟まで憎い（ぼうずにくけりゃけさまでにくい）
  중이 미우면 가사까지 밉다.
◆ 仏の顔も日に三度（ほとけのかおもひにさんど）
  부처님 얼굴도 하루 세 번.
◆ 三日坊主（みっかぼうず）
  사흘 중. 작심삼일(作心三日)
◆ 無理が通れば、道理引っこむ（むりがとおれば、どうりがひっこむ）
  무리가 통하면, 도리가 숨는다.

◆ 目の中へ入れても痛くない（めのなかにいれてもいたくない）
　눈에 넣어도 아프지 않다. 쥐면 터질까, 불면 날아갈까.
◆ 餅は餅屋（もちはもちや）
　떡은 떡집.
◆ 夕立ちは馬の背を分ける（ゆうだちはうまのせをわける）
　소나기는 말 등을 나눈다.
◆ 来年の事を言えば鬼が笑う（らいねんのことをいえばおにがわらう）
　내년 일을 말하면 도깨비가 웃는다.
◆ 流言は知者に止まる（りゅうげんはちしゃにとまる）
　뜬소문은 현명한 사람에게 머문다.
◆ 礼も過ぎれば無礼になる（れいもすぎればぶれいになる）
　예의도 지나치면 무례가 된다.

초급독해 『かさじぞう』

일본민화

　むかしむかし、あるところに おじいさんと おばあさんが いました。おじいさんは、あみがさを 作って くらして いました。おじいさんと おばあさんは 貧乏(びんぼう)で、ある年の おおみそかには お正月の おもちを 買う お金も ありませんでした。それで おじいさんは あみがさを 売るために 町に 行くことに しました。おじいさんは あみがさを 五つ しょって でかけました。町は 遠くて 長い あいだ のはらを 歩きました。やっと 町に ついて、おじいさんは、
「あみがさ、あみがさは いかがですか。じょうぶな あみがさ。」
と 言いながら あっちこっち 歩きました。

　町は とても にぎやかで、お正月の じゅんびを している 人が たくさん いました。お魚、おさけ、おもちを 買って みなは 自分の 家に 帰りました。だれも あみがさを 買って くれませんでした。お正月には だれも 外を 歩かないので あみがさは いりません。おじいさんが 一日中 町を 歩いても、声を出しても、あみがさは 一つも 売りませんでした。そして おじいさんは しかたなく、おもちを 買わずに 帰ることに しました。

- あみがさ　　삿갓.
- おおみそか　섣달그믐. 12월 31일
- しょって　　짊어지고. 등에 지고.
- 一日中　　　하루종일.
- 買わずに　　사지 않고.

　おじいさんが 町を 出て 歩き出した 時、雪が ふりはじめました。疲れた おじいさんが 雪の中で こごえながら のはらを 歩いて行くと じぞうさまの すがたが 見えました。石の じぞうさまは 六つ 並んで、頭の 上に 雪が つもって いて、つららも さがって いました。やさしい 心の おじいさんは、
「じぞうさまは さむいだろう。」
と 思いました。おじいさんは じぞうさまの 頭を ふいて、雪を とってあげました。そして、売れなかった あみがさを じぞうさまに かぶせてあげて
「売れそこないの あみがさですけど、かぶってください」
と 言いました。でも、あみがさは 五つ ありますが、じぞうさまは 六つです。あみがさが 一つ 足りないので、おじいさんは 自分が かぶっていた あみがさを じぞうさまに かぶせてあげました。
「古くてきたないですが、これをかぶってください。」
と おじいさんが 言いました。そして おじいさんは 雪の中で また 歩き出して、家に 帰りました。

- 歩き出す　　　걷기 시작하다.
- ふりはじめる　내리기 시작하다.
- じぞうさま　　돌로 만든 지장보살상(地蔵菩薩像)
- 売れそこない　팔다 남은 것.

おじいさんは 家に ついた 時、あみがさを かぶっていなかったので 雪で まっしろでした。おばあさんは おじいさんを 見ると、
「おじいさん、どうしました。」
と 聞きました。それで おじいさんは、
「じつは 町で あみがさが ぜんぜん 売れなかったんだ。帰り道で じぞうさまを 見て、さむいだろうと 思って、かさを さしあげた。一つ 足りなかったので、自分のを かぶせてあげた。」
と 答えました。その話を 聞いて、おばあさんは よろこんで、
「それは いいことを しました。貧乏でも わたしたちには 家が あって ありがたいことですね。」
と 言いました。そして こごえる おじいさんを いろりで あたためてあげました。あみがさは 売れなかったので、おもちも ほかの 食べものも ありませんでした。おじいさんと おばあさんは つけものだけで ごはんを 食べて ふとんに 入りました。

　あけがた まだ 暗いうちに、おじいさんと おばあさんは 外から うたが 聞こえたので 目を 覚ましました。まず 遠くから 聞こえた うたごえは だんだん 近づいてきました。
「じぞうに あみがさを くれた おじいさん。おじいさんの 家は どこだ。おじいさんの家は ここか」
という うたでした。おじいさんと おばあさんは びっくりしました。そして
「どっすん」
と 大きな 音が 聞こえました。おじいさんと おばあさんは 戸を あけてみて おどろきました。家の 前に、にもつが いっぱい ありました。お米、おさけ、おもち、お魚、お正月のかざり、あたたかい

ふとんと きもの、いろいろ ありました。おじいさんと おばあさんが まわりを 見ると、あみがさを かぶっている 六つのじぞうさまが 帰って行くのが 見えました。じぞうさまたちは やさしい心の おじいさんに たのしい お正月を すごしてもらう ために、<u>おんがえし</u>を しに 来たのでした。

- いろり　　　　　화로
- 暗いうちに　　　어두울 때. 해가 뜨기 전에.
- つけもの　　　　소금에 절인 배추나 무 등.
- お正月のかざり　정월장식
- おんがえし　　　보은, 은혜 갚음.

『マッチ売りの少女』

大久保友博 訳

　それは、ひどく寒いおおみそかの夜のことでした。あたりはもうまっくらで、こんこんと雪が降っていました。寒い夜の中、みすぼらしい一人の少女が歩いていました。ボウシもかぶらず、はだしでしたが、どこへ行くというわけでもありません。行くあてがないのです。ほんとうは家を出るときに一足の木ぐつをはいていました。でも、サイズが大きくぶかぶかで、役に立ちませんでした。実はお母さんのものだったので無理もありません。道路をわたるときに、二台の馬車がとんでもない速さで走ってきたのです。少女は馬車をよけようとして木ぐつをなくしてしまいました。木ぐつの片方は見つかりませんでした。もう片方は若者がすばやくひろって、「子供ができたときに、ゆりかごの代わりになる。」と言って、持ちさってしまいました。だから少女はその小さなあんよに何もはかないままでした。あんよは寒さのために赤くはれて青じんでいます。少女の古びたエプロンの中にはたくさんのマッチが入っています。手の中にも一箱持っていました。一日中売り歩いても、買ってくれる人も、一枚の銅貨すらくれる人もいませんでした。少女はおなかがへ

りました。寒さにぶるぶるふるえながらゆっくり歩いていました。それはみすぼらしいと言うよりも、あわれでした。少女の肩でカールしている長い金色のかみの毛に雪のかけらがぴゅうぴゅうと降りかかっていました。でも、少女はそんなことに気付いていませんでした。

- おおみそか(大晦日)　섣달그믐. 12월 31일.
- こんこん　　　　　　펑펑(눈이 내리는 모양).
- ぶかぶか　　　　　　헐렁헐렁.
- あんよ　　　　　　　「あし(足・脚)」의 유아어.
- ゆりかご　　　　　　요람. 어린아이를 넣어두는 흔들침대.

　どの家のまども明かりがあかあかとついていて、おなかがグウとなりそうなガチョウの丸焼きのにおいがします。そっか、今日はおおみそかなんだ、と少女は思いました。一つの家がとなりの家よりも通りに出ていて、影になっている場所がありました。地べたに少女はぐったりと座りこんで、身をちぢめて丸くなりました。小さなあんよをぎゅっと引きよせましたが寒さをしのぐことはできません。少女には家に帰る勇気はありませんでした。なぜなら、マッチが一箱も売れていないので、一枚の銅貨さえ家に持ち帰ることができないのですから。するとお父さんはぜったいホッペをぶつにちがいありません。ここも家も寒いのには変わりないのです、あそこは屋根があるだけ。その屋根だって、大きな穴があいていて、すきま風をわらとぼろ布でふさいであるだけ。小さな少女の手は今にもこごえそうでした。そうです！マッチの火が役に立つかもしれません。マッチを箱から取り出して、カベでこすれば手があたたまるかもしれません。少女は一本マッチを取り出して「シュッ！」と、こすると、マッ

チがメラメラもえだしました！あたたかくて、明るくて、小さなロウソクみたいに少女の手の中でもえるのです。本当にふしぎな火でした。まるで、大きな鉄の<u>だるまストーブ</u>の前にいるみたいでした、いえ、本当にいたのです。目の前にはぴかぴかの金属の足とフタのついた、だるまストーブがあるのです。とてもあたたかい火がすぐ近くにあるのです。少女はもっとあたたまろうと、だるまストーブの方へ足をのばしました。と、そのとき！マッチの火は消えて、だるまストーブもパッとなくなってしまい、手の中に残ったのはマッチのもえかすだけでした。

- そっか 　　　　「そうか」의 축약.
- だるまストーブ 원통형의, 배가 불룩한 난로.

少女は別のマッチをカベでこすりました。すると、火はいきおいよくもえだしました。光がとてもまぶしくて、カベがヴェールのように透き通ったかと思うと、いつのまにか部屋の中にいました。テーブルには雪のように白いテーブルクロスがかかっていて、上にごうかな銀食器、ガチョウの丸焼きがのっていました。ガチョウの丸焼きにはリンゴとかんそうモモのつめ物がしてあって、湯気が立っていてとてもおいしそうでした。しかし、ふしぎなことにそのガチョウが胸にナイフとフォークがささったまま、お皿から飛びおりて、ゆかをよちよち歩き出し、少女の方へ向かってきました。そのとき、またマッチが消えてしまいました。よく見ると少女の前には、冷たくしめったぶ厚いカベしかありませんでした。

少女はもう一つマッチをすると、今度は<u>あっというま</u>もありませんでした。少女はきれいなクリスマスツリーの下に座っていたので

す。ツリーはとても大きく、きれいにかざられていました。それは、少女がガラス戸ごしに見てきた、どんなお金持ちの家のツリーよりもきれいで、ごうかでした。ショーウィンドウの中にあるあざやかな絵みたいに、ツリーのまわりの何千本もの細長いロウソクが、少女の頭の上できらきらしていました。少女が手をのばそうとすると、マッチはふっと消えてしまいました。

- あっというま　짧은 틈. 눈 깜짝할 사이.
- ガラス戸ごし　유리창너머.

　たくさんあったクリスマスのロウソクはみんな、ぐんぐん空にのぼっていって、夜空にちりばめた星たちと見分けがつかなくなってしまいました。そのとき少女は一すじの流れ星を見つけました。すぅっと黄色い線をえがいています。「だれかが死ぬんだ…」と、少女は思いました。なぜなら、おばあさんが流れ星を見るといつもこう言ったからです。人が死ぬと流れ星が落ちて命が神さまのところへ行く、と言っていました。でも、そのなつかしいおばあさんはもういません。少女を愛してくれたたった一人の人はもう死んでいないのです。少女はもう一度マッチをすりました。少女のまわりを光がつつみこんでいきます。前を見ると、光の中におばあさんが立っていました。明るくて、本当にそこにいるみたいでした。むかしと同じように、おばあさんはおだやかにやさしく笑っていました。「おばあちゃん！」と、少女は大声を上げました。「ねぇ、わたしをいっしょに連れてってくれるの？でもマッチがもえつきたら、おばあちゃんもどこかへ行っちゃうんでしょ。あったかいストーブやガチョウの丸焼き、大きくてきれいなクリスマスツリーみたいに、パッと消えちゃうんでしょ…」少女はマッチの束を全部だして残らずマッチに

火をつけました。そうしないとおばあさんが消えてしまうからです。マッチの光は真昼の太陽よりも明るくなりました。赤々ともえました。明るくなっても、おばあさんはいつもと同じでした。昔みたいに少女をうでの中に抱きしめました。そして二人はふわっとかび上がって、空の向こうの、ずっと遠いところにある光の中の方へ、高く高くのぼっていきました。そこには寒さもはらぺこも痛みもありません。なぜなら、神さまがいるのですから。

　朝になると、みすぼらしい服を着た少女がカベによりかかって動かなくなっていました。ほほは青ざめていましたが口もとは笑っていました。おおみそかの日に、少女は寒さのため死んでしまったのです。今日は一月一日、一年の一番初めの太陽が、一体の小さななきがらを照らしていました。少女は座ったまま、死んでかたくなっていて、その手の中に、マッチのもえかすの束がにぎりしめられていました。「この子は自分をあたためようとしたんだ」と、人々は言いました。でも、少女がマッチでふしぎできれいなものを見たことも、おばあさんといっしょに新しい年をお祝いに行ったことも、だれも知らないのです。だれも…

　また、新しい一年が始まりました。

그급여『賢者の贈り物』

結城浩 訳

　1ドル87セント。それで全部。しかもそのうち60セントは小銭でした。小銭は一回の買い物に<u>つき</u>一枚か二枚づつ<u>浮かせた</u>ものです。乾物屋や八百屋や肉屋に無理矢理<u>まけさせた</u>ので、しまいに、こんなに値切るなんてという無言の非難で顔が赤くなるほどでした。デラは三回数えてみました。でもやっぱり1ドル87セント。明日はクリスマスだというのに。

- つき　　　　～당. ～마다.
- 浮かせる　　덜 쓰다. 아껴두다.
- まけさせる　값을 내리게 하다. 깍다.

　これでは、<u>まったくのところ</u>、粗末な小椅子に<u>突っ伏して</u>泣くしかありません。ですからデラはそうしました。そうしているうちに、人生というものは、わあわあ泣くのと、しくしく泣くのと、微笑みとでできており、しかもわあわあ泣くのが大部分を占めていると思うようになりました。

- まったくのところ　　그야말로.
- 突っ伏す　　　　　　엎어지다. 상체를 숙여 기대다.

この家の主婦が第一段階から第二段階へと少しづつ移行している間に、家の様子を見ておきましょう。ここは週8ドルの家具付きアパートです。全く筆舌に尽くしがたいというわけではないけれど、浮浪者一掃部隊に気をつけるためにアパートという名前をつけたに違いありません。階下には郵便受けがありましたが手紙が入る様子はなく、呼び鈴はありましたが人間の指では鳴らせそうもありません。その上には「ミスター・ジェームズ・ディリンガム・ヤング」という名前が書かれた名刺が貼ってありました。

- 家具付き　　　　　　가구가 딸린.
- 筆舌に尽くしがたい　필설로 형용할 수 없다.
- 鳴らせそうもない　　울릴 수 있을 것 같지도 않다.

　その「ディリンガム」の文字は、その名の持ち主に週30ドルの収入があった繁栄の時代にはそよ風にはためいていました。でもいまや収入は20ドルに減ってしまい、文字たちはもっと慎ましく謙遜な「D」一文字に押し縮めようかと真剣に考えているようでした。しかし、ジェームズ・ディリンガム・ヤング氏が家に帰って二階のアパートに着くと、すでにデラとしてご紹介済みのジェームズ・ディリンガム・ヤング夫人が、「ジム」と呼びながら、いつでもぎゅうっと夫を抱きしめるのでした。これはたいへん結構なことですね。

　デラは泣くのをやめ、頬に白粉をはたくのに意識を集中させました。デラは窓辺に立ち、灰色の裏庭にある灰色の塀の上を灰色の猫が歩いているのを物憂げに見ました。明日はクリスマスだというのに、ジムに贈り物を買うお金が1ドル87セントしかありません。何

月も何月もコツコツとためてきたのに、これがその結果なのです。週20ドルでは大したことはできません。支出はデラが計算した以上にありました。支出というものはいつだってそういうものでした。ジムへの贈り物を買うのに1ドル87セントしかないなんて。大切なジムなのに。デラは、ジムのために何かすばらしいものをあげようと、長い間計画していたのです。何か、すてきで、めったにないもの、ジムの所有物となる栄誉を受けるに少しでも値する何かを。

- 白粉をはたく　분을 바르다.
- 物憂げに　시름에 잠겨. 근심스럽게.
- 値する　합당한. 자격이 있는.

　その部屋の窓と窓の間には姿見の鏡が掛けられていました。たぶんあなたも8ドルの安アパートで見たことのあるような姿見でした。たいそう細身で機敏な人だけが、縦に細長い列に映る自分をすばやく見てとって、全身像を非常に正確に把握することができるのでしょう。デラはすらっとしていたのでその技術を会得しておりました。

- 姿見の鏡　전신용 거울.

　急にデラは窓からくるりと身をひるがえし、その鏡の前に立ちました。デラの目はきらきらと輝いていましたが、顔は20秒の間、色を失っていたのでした。デラは手早く髪を下ろし、その長さいっぱいまで垂らしました。

さて、ジェームズ・ディリンガム・ヤング家には誇るべき二つのものがありました。一つはジムの金時計です。かつてはジムの父、そしてその前にはジムの祖父が持っていたという金時計。もう一つはデラの髪でした。シバの女王がの向こう側のアパートに住んでいたとしましょう。ある日、デラが窓の外にぬれた髪を垂らして乾かそうとしたら、それだけで、女王様の宝石や宝物は色あせてしまったことでしょう。また、ソロモン王がビルの管理人をやっていて、宝物は地下室に山積みしていたとしましょう。ジムが通りがかりに時計を出すたび、王様はうらやましさのあまり、ひげをかきむしったことでしょう。

・誇るべき　　자랑할 만한.
・色あせる　　빛을 잃다. 색이 바래다. 퇴색하다.
・かきむしる　쥐어뜯다.

　さて、そのデラの美しい髪は褐色の小さな滝のようにさざなみをうち、輝きながら彼女のまわりを流れ落ちていきました。髪はデラの膝のあたりまで届き、まるで長い衣のようでした。やがてデラは神経質そうにまた手早く髪をまとめあげました。ためらいながら1分間じっと立っていました。が、そのうちに涙が一粒、二粒、すりきれた赤いカーペットに落ちました。デラは褐色の古いジャケットを羽織り、褐色の古い帽子をかぶりました。スカートをはためかせ、目にはまだ涙を光らせて、ドアの外に出ると、表通りへ続く階段を降りていきました。

・さざなみをうつ　　　　　물결치다. 파도치다. 일렁이다.
・まとめあげる　　　　　　묶어 올리다.
・スカートをはためかせる　치맛자락을 날리다.

デラが立ち止まったところの看板には「マダム・ソフロニー。ヘア用品なら何でも。」と書いてありました。デラは階段を一つかけのぼり、胸をどきどきさせながらも気持ちを落ち着けました。女主人は大柄で、色は白すぎ、冷ややかで、とうてい「ソフロニー」という名前のようには見えませんでした。
「髪を買ってくださいますか」とデラは尋ねました。
「買うさ」と女主人は言いました。「帽子を取って見せなさいよ」褐色の滝がさざなみのようにこぼれ落ちました。
「20ドル」手馴れた手つきで髪を持ち上げて女主人は言いました。
「すぐにください」とデラは言いました。
　ああ、それから、薔薇のような翼に乗って2時間が過ぎていきました… なんて、使い古された比喩は忘れてください。デラはジムへの贈り物を探してお店を巡っておりました。そしてとうとうデラは見つけたのです。それは確かにジムのため、ジムのためだけに作られたものでした。それほどすばらしいものはどの店にもありませんでした。デラは全部の店をひっくり返さんばかりに見たのですから。それはプラチナの時計鎖で、デザインはシンプルで上品でした。ごてごてした飾りではなく、素材のみがその価値を主張していたのです。すべてのよきものがそうあるべきなのですが。その鎖は彼の時計につけるのにふさわしいとまで言えるものでした。その鎖を見たとたん、これはジムのものだ、とデラにはわかりました。この鎖はジムに似ていました。「寡黙だが、価値がある」この表現は鎖とジムの両者に当てはまりました。その鎖には21ドルかかり、デラは87セントをもって家に急いで帰りました。この鎖を時計につければどんな人の前でもちゃんと時間を気にすることができるようになるでしょう。時計はすばらしかったのですが、鎖の代わりに古い皮紐をつけていたため、ジムはこそこそと見るときもあったのです。

・帽子を取る　　　　　　　（여기서는)모자를 벗다.
・ひっくり返さんばかりに　뒤집을 듯이. 뒤집을 듯한 기세로.

　デラが家に着いたとき、興奮はやや醒め、分別と理性が頭をもたげてきました。ヘアアイロンを取り出し、ガスを着けると、愛に気前の良さを加えて生じた被害の跡を修繕する作業にかかりました。そういうのはいつも大変な仕事なのです。40分のうちに、デラの髪は小さく集まったカールで覆われました。髪型のせいで、まるで、ずる休みした学童みたいに見えました。デラは、鏡にうつる自分の姿を、長い間、注意深く、ためつすがめつ見つめました。「わたしのことを殺しはしないだろうけれど」とデラは独り言をいいました。「ジムはわたしのことを見るなり、コニーアイランドのコーラスガールみたいだって言うわ。でも、わたしに何ができるの。ああ、ほんとうに1ドル87セントで何ができるっていうの？」7時にはコーヒーの用意ができ、フライパンはストーブの上にのり、チョップを焼く準備ができました。

・頭をもたげてる　　머리를 쳐들다. 솟아오르다. 본색을 드러내다.
・ためつすがめつ　　이리저리 자세히. 요모조모.
・見るなり　　　　　보자마자.
・チョップ　　　　　chop. 두텁게 자른, 돼지나 양의 갈비 살.

　ジムは決して遅れることはありませんでした。デラは時計の鎖を手の中で二重に巻き、彼がいつも入ってくるドアの近くのテーブルの隅にすわりました。やがて、ジムがはじめの階段を上ってくる足音が聞こえると、デラは一瞬顔が青ざめました。デラは毎日のちょっとしたことでも小さな祈りを静かに唱える習慣がありました

が、このときは「神さま。どうかジムがわたしのことを今でもかわいいと思ってくれますように」とささやきました。ドアが開き、ジムが入り、ドアを閉めました。ジムはやせていて、生真面目な顔つきをしていました。かわいそうに、まだ２２歳なのに彼は家庭を背負っているのです。新しいオーバーも必要だし、手袋もしていませんでした。

　ジムは、ドアのところで立ち止まりました。うずらの匂いにじっとしている猟犬と同じように、そのまま動きませんでした。ジムの目はデラに釘付けでした。そしてその目には読み取ることのできない感情がこめられていて、デラは恐くなってしまいました。それは憤怒ではなく、驚嘆でもなく、拒否でもなく、恐怖でもなく、デラが心していたどんな感情でもありませんでした。ジムは顔にその奇妙な表情を浮かべながら、ただ、じっとデラを見つめていたのです。

- 釘付け　固定. 붙어서 떠날 줄 모르는 모양.
- 心する　걱정하다. 조심하다. 신경 쓰다. 마음에 두다.

　デラはテーブルを回ってジムの方へ歩み寄りました。「ジム、ねえ、あなた」デラは声をあげました。「そんな顔して見ないで。髪の毛は切って、売っちゃったの。だって、あなたにプレゼント一つあげずにクリスマスを過ごすなんて絶対できないんだもの。髪はまた伸びるわ。気にしない、でしょ？こうしなきゃ駄目だったの。ほら、わたしの髪ってすごく早く伸びるし。『メリー・クリスマス』って言ってよ、ジム。そして楽しく過ごしましょ。どんなに素敵な、綺麗で素敵なプレゼントをあなたに用意したか、当てられないわよ」
　「髪を切ったって？」とジムは苦労しつつ尋ねました。まるで、懸

命に頭を働かせても明白な事実にたどり着けないようなありさまでした。
「切って、売っちゃったの」とデラは言いました。「それでも、わたしのこと、変わらずに好きでいてくれるわよね。髪がなくても、わたしはわたし、よね？」
ジムは部屋をさがしものでもするかのように見まわしました。
「髪がなくなっちゃったって？」ジムは何だか馬鹿になったように言いました。
「探さなくてもいいのよ」とデラは言いました。「売っちゃったの。だから 売っちゃったからなくなったのよ。ねえ、クリスマスイブでしょ。怒らないで。髪がなくなったのは、あなたのためなのよ。たぶんわたしの髪の毛の一本一本まで神様には数えられているでしょうね」デラは急に真面目になり、優しく続けました。「でも、わたしがあなたをどれだけ愛しているかは、誰にもはかることはできないわ。チョップをかけてもいい？」
ジムはぼうっとした状態からはっと戻り、デラを抱きしめました。

- 切ったって　　「切ったと」의 축약. 잘랐다고?
- かける　　　　불에 올리다.

さて、それではここで10秒間、趣を変えたささやかな事柄について控え目に吟味をしてみましょう。週8ドルと年100万ドル、その違いは何でしょうか。数学者や知恵者に尋ねたら、誤った答えが返って来るでしょう。東方の賢者は高価な贈り物を持ってきましたが、その中に答えはありませんでした。何だか暗いことを申しましたが、ここで述べた言明は、後にはっきりと光り輝くことになるので

す。ジムはオーバーのポケットから包みを取り出すとテーブルに投げ出しました。
「ねえデラ、僕のことを勘違いしないで。髪型とかシャンプーとかそんなもので僕のかわいい妻を嫌いになったりするもんか。でも、その包みを開けたら、どうして僕がしばらくあんな風だったかわかると思うよ」
白い指がすばやく紐をちぎり、紙を破りました。そして歓喜のさけびが上がり、それから、ああ、ヒステリックな涙と嘆きへと女性らしくすぐさま変わっていったのです。そのアパートの主人が必死になって慰めなければなりませんでした。

・東方の賢者 (성경에 등장하는)동방박사.

　包みの中には櫛が入っていたのです。セットになっている櫛で、横と後ろに刺すようになっているものでした。その櫛のセットは、デラがブロードウェイのお店の窓で、長い間<u>あがめんばかりに思っていた</u>ものでした。美しい櫛、ピュアな亀甲でできていて、宝石で縁取りがしてあって、売ってなくなった美しい髪にぴったりでした。その櫛が高価だということをデラは知っていました。ですから、心のうちでは、その櫛がただもう欲しくて欲しくてたまらなかったのですけれど、実際に手に入るなんていう望みはちっとも抱いていなかったのです。そして、いま、この櫛が自分のものになったのです。けれども、この髪飾りによって飾られるべき髪の方がすでになくなっていたのでした。

・あがめんばかりに思う　매우 가지고싶어하다. 소중히 여기다.

しかし、デラは櫛を胸に抱きました。そしてやっとの思いで涙で濡れた目をあげ、微笑んでこう言うことができました。「わたしの髪はね、とっても早く伸びるのよ、ジム！」
そしてデラは火で焼かれた小猫のようにジャンプして声をあげました。「きゃっ、そうだ！」
自分がもらう美しい贈り物をジムはまだ見ていないのです。デラは手のひらに贈り物を乗せ、ジムに思いをこめて差し出しました。貴金属の鈍い光は、デラの輝くばかりの熱心な気持ちを反射しているかのようでした。
「ねえ素敵じゃない？町中を探して見つけたのよ。あなたの時計にこの鎖をつけたら、一日に百回でも時間を調べたくなるわよ。時計、貸してよ。この鎖をつけたらどんな風になるか見たいの」
デラのこの言葉には従わず、ジムは椅子にどさりと腰を下ろし、両手を首の後ろに組んでにっこりと微笑みました。
「ねえデラ。僕達のクリスマスプレゼントは、しばらくの間、どこかにしまっておくことにしようよ。いますぐ使うには上等すぎるよ。櫛を買うお金を作るために、僕は時計を売っちゃったのさ。さあ、チョップを火にかけてくれよ」

- やっとの思いで　　가까스로. 간신히. 힘겹게.
- どさりと　　　　　풀썩. 털썩.
- 上等すぎる　　　　너무 좋다. 과분하다.

東方の賢者は、ご存知のように、賢い人たちでした。すばらしく賢い人たちだったんです。飼い葉桶の中にいる御子に贈り物を運んできたのです。東方の賢者がクリスマスプレゼントを贈るという習慣を考え出したのですね。彼らは賢明な人たちでしたから、もちろ

ん贈り物も賢明なものでした。たぶん贈り物がだぶったりしたときには、別の品と交換をすることができる特典もあったでしょうね。さて、わたくしはこれまで、つたないながらも、アパートに住む二人の愚かな若者たちに起こった、平凡な物語をお話してまいりました。二人は愚かなことに、家の最もすばらしい宝物を互いのために台無しにしてしまったのです。しかしながら、今日の賢者たちへの最後の言葉として、こう言わせていただきましょう。贈り物をするすべての人の中で、この二人が最も賢明だったのです。贈り物をやりとりするすべての人の中で、この二人のような人たちこそ、最も賢い人たちなのです。世界中のどこであっても、このような人たちが最高の賢者なのです。彼らこそ、本当の、東方の賢者なのです。

- 飼い葉桶　　　　　　　　　　구유. 여물통.
- 御子　　　　　　　　　　　　聖子. 예수.
- だぶる　　　　　　　　　　　겹치다. 중복되다.
- つたないながらも　　　　　　어줍잖게도. 부족하지만.
- 台無しにする　　　　　　　　쓸모 없게 만들다. 버려놓다.
- こう言わせていただきましょう　이렇게 말하고 싶습니다.

박 재 훈(朴載勳)

- 우석대학교 일어일문학과 졸업
- 일본 신슈대학대학원 졸업
- 일본 오사카대학대학원 수료
- 現 우석대학교 일어일문학과 교수

日本語 散歩

발행	2001년 11월 26일
지은이	박재훈(朴載勳)
발행인	윤석용
내지디자인	구민정·안미순
표지디자인	도드디자인

제이앤씨

〒 132-031
서울 도봉구 쌍문1동 528-1
전화 : 代 (02)992-3253 FAX : (02)991-1285
kmbooks@hananet.net
등록 : 제7-220 호

- 저자 및 출판사의 허락없이 이 책의 일부 또는 전부를 무단복제·전재·발췌할 수 없습니다.
- 잘못된 책은 바꿔 드립니다.
- 질문 및 문의사항은 제이앤씨 출판부로 연락주십시오.

ⓒ 제이앤씨 2001 Printed in Seoul Korea
ISBN 89-89060-43-5 03730